Nicole Seebach-Dietze

ICF in der Psychomotorik

Förderziele ICF-basiert finden und formulieren

Nicole Seebach-Dietze

ICF in der Psychomotorik

Förderziele ICF-basiert finden und formulieren

verlag modernes lernen

Unser Buchprogramm im Internet
www.verlag-modernes-lernen.de

Externe Links
Der Verlag weist ausdrücklich darauf hin, dass eventuell im Text enthaltene externe Links vom Verlag nur bis zum Zeitpunkt der Buchveröffentlichung eingesehen werden konnten. Auf spätere Veränderungen hat der Verlag keinerlei Einfluss. Eine Haftung des Verlages ist daher ausgeschlossen.

Folgen Sie uns auf  

Gesamtherstellung in Deutschland: Löer Druck GmbH, Dortmund
Coverfoto: © Antipina – stock.adobe.com

Bestell-Nr. 1349 ISBN 978-3-8080-0943-7

Inhalt

Einführung

Die ICF (International Classification of Functioning, Disability and Health) ist in aller Munde. Der Gesetzgeber fordert in insgesamt vier Reformstufen die Umsetzung des Bundesteilhabegesetzes (BTHG). Zum 1. Januar 2023 änderte sich die Finanzierung der Leistungen der Eingliederungshilfe (Art. 25a BTHG, §99 SGB IX). Damit wird die Formulierung von Teilhabezielen nicht nur in der Antragsstellung für Fördermaßnahmen notwendig. Dies kann für die psychomotorische Förderung neue Möglichkeiten eröffnen und möglicherweise neue Angebote für die Finanzierung legitimieren.

Und ganz nebenbei bietet die Sicht auf die Teilhabe der Klient*innen die Chance, noch ressourcenorientierter auf Kompetenzen und Wünsche von Kindern und Familien zu achten und damit noch dichter am Alltag und in der Lebenswelt der Klient*innen zu sein.

Ein paar Worte zur Historie:

Bereits seit den 1970er Jahren gibt es Überlegungen, dass der Krankheits- und Gesundheitsbegriff neu überdacht werden muss. Das stetig steigende Lebensalter der Weltbevölkerung und die Zunahme von chronischen Erkrankungen machten es notwendig, auch Krankheitsfolgen oder subjektiv erlebte Einschränkungen in das Krankheitskonzept aufzunehmen. Die bisher gängige Diagnoseklassifizierung ICD-10 (Internationale statistische Klassifikation der Krankheiten und verwandter Gesundheitsprobleme) beinhaltet lediglich die Definition der Krankheit selbst, weitere Folgen, wie Mobilitätseinschränkungen, Schwierigkeiten in der Kommunikation, der Erwerbstätigkeit oder Selbstversorgung sind nicht beschrieben, aber dringend notwendig zu betrachten, wenn es um Rehabilitation oder Teilhabe am gesellschaftlichen Leben geht. Deshalb wurde 1980 die ICD-10 von der WHO (Weltgesundheitsorganisation) um die ICIDH, der „International Classification of Impairments, Disabilities and Handicaps" ergänzt. Hier lag der Blick erstmals auch offiziell auf Beeinträchtigungen und Behinderungen sowie Erschwernissen im Lebensalltag.

1993 kam es zur Revision der ICIDH, es wurde vor allem die defizitorientierte Sichtweise des Systems kritisiert. Der Fokus lag auf der Schädigung, die eine Einschränkung der Fähigkeiten zur Folge hatte, welche dann zu sozialen Beeinträchtigungen führte. Es gab keine Möglichkeit, positive Aspekte zu beschreiben oder zu berücksichtigen. Ebenso gab es keine Hinweise auf einschränkende Umweltaspekte oder Faktoren, die in der Person selbst lagen. 1997 wurden all diese Aspekte dann in mehreren Beta-Versionen der ICIDH integriert. Nach einem ausgedehnten Feldversuch, mit diesem neuen Modell zu arbeiten, konnte im Mai 2001 die ICF verabschiedet werden (bfarm.de 01.03.2022).

Neben der nahezu weltweit großen Einigkeit, zukünftig ICF-basiert klassifizieren zu wollen und dem Wunsch dazu die ICF zu nutzen, da sie Grundlage für die Beantragung von Fördermaßnahmen ist, bietet das System die Chance, noch klient*innenzentrierter zu arbeiten, Einschränkungen noch ganzheitlicher zu betrachten und Klient*innenwünsche in den Fokus der Arbeit zu rücken. Es erlaubt darüber hinaus, Modelle der Förderung neu zu überdenken.

Vermutlich ist auch dieses Modell eher als ein Konzept zu sehen, welches durch die tägliche Arbeit mit Klient*innen verändert werden wird. Der Alltag wird zeigen, an welchen Stellen das Ganze nachjustiert und feingeschliffen werden muss. Dennoch bietet es die echte Chance, die Haltung, die den meisten, die in den Bereichen der Rehabilitation, Förderung oder Therapie arbeiten, als Arbeitsgrundlage dient, auch in die Gesellschaft und Arbeitswelt zu transportieren und damit die Möglichkeit darauf, eine tatsächliche gesellschaftliche Teilhabe für alle Menschen zu verbessern.

In diesem Buch möchte ich die Grundlagen der ICF erklären und welche Modelle hinter dem Konzept stecken. Im zweiten Teil wird es um die praktische Arbeit gehen: was verbirgt sich hinter den Lebensbereichen, welche Problematiken lassen sich den Körperfunktionen und -strukturen zuordnen und welche Bedeutung hat die Umwelt auf die Teilhabe eines Menschen.

Im dritten Teil möchte ich mich mit der Formulierung von Teilhabezielen und den daraus resultierenden Maßnahmenplanungen beschäftigen. Ich werde beleuchten, welche Bedeutung sprachliche Besonderheiten haben und wo allein durch die Art der Formulierung mehr Klarheit geschaffen werden kann.

Im vierten Teil werfe ich einen Blick auf die Chancen, die die ICF für Förderkonzepte bieten kann, und nehme beispielhaft ein Bedarfsermittlungsinstrument in den Fokus.

Der letzte Teil befasst sich dann mit den Möglichkeiten, die das psychomotorische Förderkonzept in Bezug auf Teilhabe bieten kann.

Unterstützt wird das Ganze durch zahlreiche Beispiele, die das Verständnis für die ICF erleichtern sollen. Man möge mir verzeihen, dass ich an einigen Stellen die große Schublade der Stereotypien aufgemacht und tief hineingegriffen habe. Manchmal sind diese eindeutigen und plakativen Beispiele aber gut geeignet, um komplizierte Zusammenhänge zu verdeutlichen und verständlich zu machen.

1. Worüber sprechen wir hier eigentlich?

Die ICF ist die International Classification of Functioning, Disability and Heath. Sie dient der Beschreibung des funktionellen Gesundheitszustandes, den sozialen Beeinträchtigungen und den beeinflussenden Umweltfaktoren von Menschen.

Lange Zeit wurden Menschen mit allen Arten von Beeinträchtigungen lediglich über ihre Diagnose und den damit zusammenhängenden Symptomen klassifiziert. Davon abhängig waren alle Arten von Hilfen, die nur dann genehmigt werden konnten, wenn sie im Zusammenhang mit der Diagnose standen. Diese Art der Zuschreibung allein ist nicht ausreichend, um die Lebenssituation zu beschreiben, benötigte Hilfen zu erkennen und erschwert die Möglichkeit, alle Formen der Förderung und Unterstützung abzubilden. Aus diesem Grund wird in der ICF versucht, Beschreibungen vollumfänglicher möglich zu machen.

In der ICF werden klassifiziert:

- Beschädigungen von **Körperfunktionen und -strukturen** einer Person,
- Einschränkungen in der **Handlungskompetenz**, sowie
- **Teilhabemöglichkeiten** am gesellschaftlichen Leben.

Zusätzlich werden hemmende, aber auch unterstützende **Umweltfaktoren** benannt, sowie **Persönlichkeitsfaktoren** berücksichtigt, die eine Teilhabe in der jeweiligen Lebenswelt beeinflussen.

1.1 Das biopsychosoziale Modell: weil Krankheit nicht gleich krank ist

Hinter der ICF steht das biopsychosoziale Modell. Es besagt, dass Krankheit und Gesundheit dynamische Geschehen sind und keine einzelnen Zustände. Einfach gesprochen kann sich jemand mit einer zum Beispiel schweren chronischen Erkrankung durchaus wohl und dem Leben zugehörig fühlen (Egger, 2005). Durch medizinische Hilfen, soziale Unterstützung und gesellschaftliche Anerkennung kann er oder sie all die Dinge tun, die den jeweiligen Wünschen entsprechen. Er oder sie fühlt sich vielleicht gar nicht so krank und eingeschränkt, wie es die Diagnose erlauben oder suggerieren würde.

Das Modell setzt sich zusammen aus dem

1. **biologischen System**, also allem, was den einzelnen Körper betrifft. Angefangen bei der Körperzelle, bis hin zum funktionierenden Organismus,

2. **psychischen System**, also dem, was das einzelne Individuum an Erwartungen, Bedürfnissen, Fähigkeiten oder Begabungen mitbringt. Aber auch dessen Einstellungen und Motivationen,

3. **sozialen System**, also all jenen Umwelten, in denen sich eine Person bewegt. Die Menschen, die sie umgeben, die Einrichtungen, die sie besucht, die politischen und gesellschaftlichen Voraussetzungen.

Abbildung 1: Das biopsychosoziale Modell

Das biopsychosoziale Modell ermöglicht es, einen anderen Blick auf Behinderung zu werfen. Der Behinderungsbegriff hat völlig unterschiedliche Bedeutungen, abhängig davon, mit welcher Brille wir ihn betrachten.

Das **medizinische Modell** definiert Behinderung:
Ein Mensch wird durch eine Krankheit, einen Unfall oder ein sonstiges gesundheitliches Problem beeinträchtigt.

Das **soziale Modell** sagt:
Die Behinderung ist ein von der Gesellschaft verursachtes Problem. Die Behinderung ist keine Eigenschaft der Person, sondern das Resultat von Wechselwirkungen mit der Umwelt.

Während also im medizinischen Modell der Mensch als Träger seiner Beeinträchtigung im Fokus steht, ist es im sozialen Modell die Gesellschaft, die einen Menschen aktiv behindert. Doch beide Modelle können die dahinterstehende Problematik nicht hinlänglich beschreiben.

Das **biopsychosoziale Modell** führt beides zusammen und besagt: Neben der Schädigung an sich, muss auch die tatsächliche **Leistungsfähigkeit** einer Person betrachtet und die Auswirkungen der Umwelt auf die **Funktionsfähigkeit** einbezogen werden.

Es geht also nur noch darum, was eine Person, ungeachtet ihrer tatsächlichen, festgestellten Diagnose in ihrer gegenwärtigen Umwelt tun will und kann.

An dieser Stelle begegnet uns der Begriff der **Funktionsfähigkeit** und dieser soll näher erläutert werden.

1.2 Funktionsfähigkeit – oder: Kann ein dreibeiniges Pferd das Rennen gewinnen?

Die **Funktionsfähigkeit** betrifft alle Aspekte der funktionalen Gesundheit. Eine Person gilt als funktional gesund, wenn vor ihrem gesamten Lebenshintergrund, also vor der Betrachtung sämtlicher bedeutender Umstände, in denen sich eine Person befinden kann

1. ihre körperlichen Funktionen und Körperstrukturen allgemein anerkannten (statistischen) Normen entsprechen,

2. sie all das tun kann, was von einem Menschen ohne Gesundheitsprobleme im Sinne der ICD erwartet wird (Aktivitäten) und

3. sie zu allen Lebensbereichen, die ihr wichtig sind, Zugang hat und sich dort entfalten kann, wie es von einem Menschen ohne Beeinträchtigung erwartet wird (Partizipation)

Dies bedeutet, dass es meist unterschiedliche Umwelten geben wird, in denen sich eine Person bewegt, mit durchaus unterschiedlich wahrgenommenen Einschränkungen und entsprechendem Unterstützungsbedarf.

Es bedeutet aber auch, dass es keinen allgemeingültigen Weg der Unterstützung geben kann, da jede Person, die Hilfe benötigt, individuell betrachtet wird und entsprechend ganz individuelle Unterstützungsangebote bekommen muss. Eine vorhandene Einschränkung wird individuell unterschiedlich belastend wahrgenommen und benötigt damit eine große Bandbreite an Unterstützung.

Das einfachste Beispiel ist ein Mensch mit einer Beeinträchtigung der Sehfähigkeit. Durch die Installation des Hilfsmittels Brille kann abhängig vom Grad der Sehschwäche eine uneingeschränkte Teilhabe am gesellschaftlichen Alltag erfolgen. Die wenigsten Menschen mit einer leichten bis moderaten Sehbeeinträchtigung fühlen sich in der Teilhabe eingeschränkt, weil ihre Funktionsfähigkeit im Alltag nicht wirklich beeinträchtigt ist, solange das Hilfsmittel „Brille" zur Verfügung steht. Jeder, der auf eine Brille angewiesen ist, weiß aber genau, wie schwierig das Leben wird, wenn die Brille verloren oder kaputt gegangen ist. Plötzlich ist die Funktionsfähigkeit eingeschränkt: Autofahren ist schwierig, Schilder können nicht gelesen werden, die Zeitung macht keinen Spaß mehr ...

Ein anderes Beispiel: Ein Mensch mit einer lebensverkürzenden Diagnose, der medizinisch gesehen als schwer krank bezeichnet werden würde, kann sich „gesund" fühlen, weil er in ein unterstützendes Netzwerk eingebunden ist und sich gut versorgt fühlt. Medikamente können für eine Schmerzfreiheit und damit Lebensqualität sorgen und es können nach wie vor viele Dinge getan werden, die von Menschen ohne diese Diagnose auch getan werden.

1.3 Fridolin

Um die abstrakten Begrifflichkeiten anschaulich zu machen, werde ich versuchen, das Modell der ICF am Beispiel des fiktiven Kindes Fridolin zu erklären. Um die Komplexität zu reduzieren, werde ich mich an dieser Stelle lediglich auf das Problem der Mobilität konzentrieren.

Fridolin ist 5 Jahre alt und hat die Diagnose „Infantile Zerebralparese mit Diplegie“ (G80.1). Er geht in eine integrative Kindertagesstätte und fühlt sich dort sehr wohl.

Fridolin trägt Orthesen und nutzt einen Posterior Walker, um sich fortzubewegen. Er kann 3–5 Schritte selbstständig laufen, wenn ihm ausreichend Platz und Ruhe zur Verfügung stehen. Dafür zeigt er eine hohe Motivation. In den Beinen hat Fridolin eine deutliche Spastik mit Kontrakturen (Bewegungseinschränkungen) in Hüfte, Knie und Sprunggelenk.

Fridolins Familie ist sehr behütend. Die Eltern haben eine große Sorge vor Verletzungen, aber gleichzeitig den unbedingten Wunsch, dass ihr Sohn sicherer wird und sich besser selbstständig bewegen kann.

Betrachten wir Fridolin nun mit den unterschiedlichen Brillen der Behinderungsmodelle:

Vor dem **medizinischen Modell** gilt Fridolin als behindert, weil er eine frühkindliche Hirnschädigung erlitten hat.

Vor dem **sozialen Modell** ist Fridolin behindert, weil er sich nicht ohne Hilfe fortbewegen kann und dadurch seine Mobilität eingeschränkt ist.

Das **biopsychosoziale Modell** beschreibt Fridolins Problematik viel umfänglicher. Hier gilt Fridolin als behindert, da er eine frühkindliche Hirnschädigung erlitten hat und daraus resultierend seine Mobilität eingeschränkt ist. Seine Umwelt kann nicht gewährleisten, dass er in jeder Lebenssituation die erforderlichen Hilfen zum Gehen erhält, um uneingeschränkt mobil zu sein.

1.4 Die zentralen Bereiche der ICF

Die ICF besteht aus zwei Teilen, die sich in jeweils zwei Komponenten unterteilen. Auf der einen Seite stehen die Körperfunktionen und Strukturen, zusammen mit der Aktivität und der Teilhabe, auf der anderen Seite stehen die Umweltfaktoren und die personenbezogenen Faktoren. Diese vier Komponenten stehen in Wechselwirkung zueinander und bedingen sich gegenseitig.

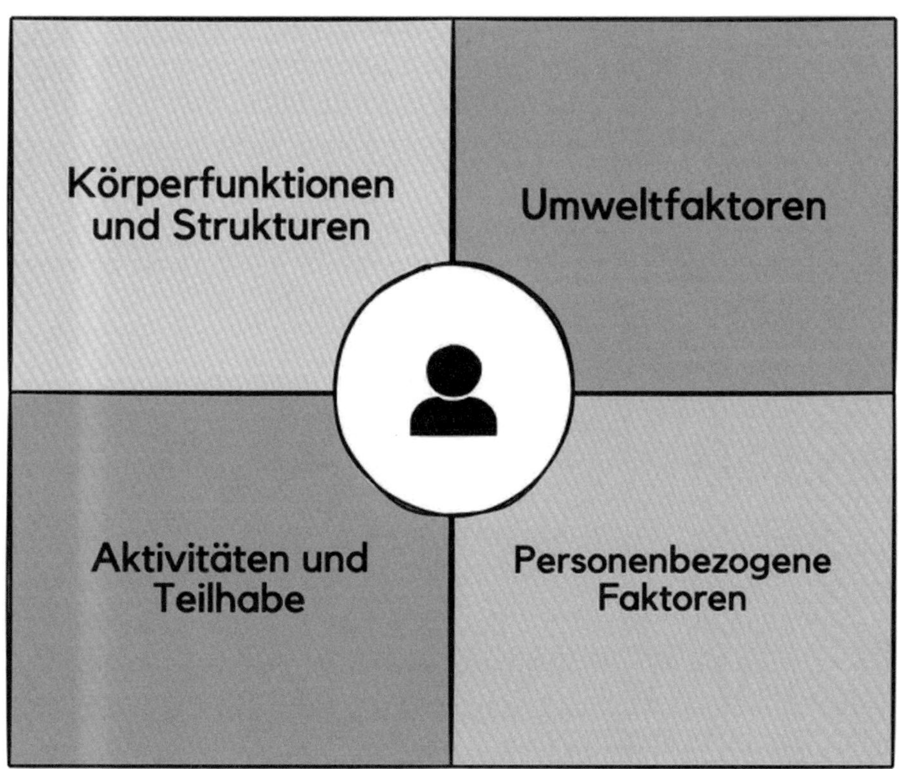

Abbildung 2: Wechselwirkung der 4 ICF-Komponenten

Beispiele:
Die **Körperfunktionen** beinhalten alle physiologischen Funktionen von Körpersystemen, die **Körperstrukturen** sind die anatomischen Voraussetzungen dafür. Ich kann also beispielsweise ein Körperorgan haben, welches aber nicht funktioniert. Ein plakatives Beispiel stellen erneut unsere

Augen dar. Sehr viele Menschen tragen eine Brille, weil die Funktion ihrer Augen eingeschränkt ist. Die Struktur „Auge“ ist vorhanden, die Funktion aber eingeschränkt. Das Beurteilungsmerkmal in diesem Segment ist die **Schädigung**.

Kann ein Kind beispielsweise nicht laufen, hat aber die dazu notwendigen Beine, so ist es ein Problem der Körperfunktionen. Kann es aufgrund einer Beinamputation nicht laufen, ist es ein Problem der Körperstruktur, da die notwendige anatomische Voraussetzung für das Laufen fehlt.

Die Informationen zu diesen Bereichen bekommen wir in der Regel aus ärztlichen Diagnosestellungen. Hier ist tatsächlich etwas „kaputt“ oder fehlt und die Feststellung dieser Tatsache liegt nicht im Aufgabengebiet von Therapeut*innen, Pädagog*innen oder sonstigen fördernden Personen. Nur wenn hier konkrete Informationen vorliegen, kann es beschrieben werden. Fehlen diese Informationen, bleibt nur der Verweis an medizinische Fachbereiche zur entsprechenden Diagnostik.

Liegen uns diese Informationen vor, so wäre die Frage zu stellen, inwieweit **dieser** Fehler die Teilhabe verschlechtert oder verhindert und ob die Installation eines Hilfsmittels die Teilhabe positiv beeinflussen könnte.

In unserem Beispiel der Sehbeeinträchtigung wird das deutlich: Weltweit wären genaugenommen sehr viele Menschen in ihrer Teilhabe beeinträchtigt, wenn nicht die Installation des Hilfsmittels „Brille“ diese Teilhabebeeinträchtigung ausgleichen könnte. In dem Bereich der Körperstrukturen und -funktionen lässt sich also meist sehr viel mit Hilfe eines Hilfsmittels ausgleichen oder kompensieren.

Aktivität

Als Aktivität gilt die Bewältigung von Aufgaben oder Handlungen in unterschiedlichen Lebensbereichen. Beschrieben und messbar gemacht werden die Leistung und Leistungsfähigkeit.

Die **Leistungsfähigkeit** beschreibt, welche Aufgaben und Handlungen eine Person **unter Testbedingungen** erfüllen kann. Die **Leistung** dagegen stellt dar, was die Person in **ihrer gegenwärtigen Umwelt** tun kann.

Abbildung 3: Vergleich von Leistung und Leistungsfähigkeit

Der Vergleich der Leistungsfähigkeit mit der tatsächlichen Leistung im Alltag kann bereits Hinweise darauf geben, was an der momentanen Umwelt verändert werden könnte, um die Aktivität oder Teilhabe zu verbessern.

Als *Beispiel* nehmen wir den fünfjährigen *Max*. Er kann im Rahmen seiner ergotherapeutischen Einzelförderung sehr gut 10 Minuten konzentriert an einer Aufgabe am Tisch arbeiten. Dies beschreibt seine Leistungsfähigkeit. In der Kitagruppe mit 25 anderen Kindern schafft Max dies nicht und es kommt regelmäßig zu stressigen Situationen im Rahmen der Vorschularbeit. Diese Tatsache beschreibt seine momentane Leistung und Teilhabemöglichkeit in der Umwelt „Kita“. Max ist grundsätzlich in der Lage, sich 10 Minuten zu konzentrieren, wenn die Rahmenbedingungen stimmen. Hier läge ein möglicher Ansatz für Teilhabeunterstützung.

Werfen wir an dieser Stelle noch einmal einen Blick auf Fridolin:

Fridolin kann einige Schritte selbstständig tätigen, wenn ihm ausreichend Platz und Ruhe zur Verfügung steht. Dies beschreibt seine **Leistungsfähigkeit**. Seine **Leistung** ist im Kitaalltag allerdings eingeschränkt. Die Raumenge und Unübersichtlichkeit durch die große Zahl weiterer Kinder wirken als Barriere. Weiterhin nutzt Fridolin einen Posterior Walker und Orthesen als Hilfsmittel zur Teilhabeunterstützung, um seine Körperfunktionseinschränkungen auszugleichen.

Kontextfaktoren

Wie bereits beschrieben, reicht es nicht aus, die funktionellen und strukturellen Einschränkungen einer Person in den Blick zu nehmen. Vielmehr ist es sehr häufig die Umwelt, die eine limitierende Wirkung auf die Leistung einer Person ausübt. Selbstverständlich ist dies nicht immer veränderbar, aber es ist wichtig, dass diese Problematik in der Beschreibung zu Wort kommt, damit sie wahrgenommen wird. So erreichen wir langfristig, dass es nicht nur der Person selbst zugeschrieben wird, wenn momentan oder auch langfristig etwas nicht gut funktioniert und Hilfsmaßnahmen installiert werden müssen. Kontextfaktoren können nicht nur eine limitierende Wirkung auf die Teilhabe einer Person haben, sondern durchaus auch einen fördernden Einfluss auf Teilhabeaspekte zeigen und sollten bemerkt und beschrieben werden.

Als Kontextfaktoren werden die beeinflussenden Umweltbedingungen, sowie die personenbezogenen Faktoren beschrieben. Die **Umweltfaktoren** beschreiben die jeweilige Umwelt, in der sich eine Person aufhält. Die Bedingungen können von Situation zu Situation sehr unterschiedlich sein und müssen deshalb immer wieder neu in den Blick genommen werden. Alle Umweltfaktoren haben erheblichen Einfluss auf die Leistung und Leistungsfähigkeit einer Person und häufig können bereits kleine Veränderungen eine elementare Verbesserung für die Person mit sich bringen. Stellen wir uns einen Rollstuhlfahrer vor, der gern die öffentliche Bibliothek seiner

Stadt besuchen möchte. Diese ist nur über eine kleine Außentreppe zu erreichen und liegt damit außerhalb seines Teilhabebereichs. Die Installation einer Rampe oder eines Treppenlifts reicht aus, damit diese Person ihre Teilhabe **bezogen auf diese Umwelt** vollumfänglich verbessern könnte.

Die **personenbezogenen Faktoren** sind alle Aspekte, die die Person selbst betreffen. Hierzu gehört das Alter, die Fitness, die Motivation, der Bildungsstand oder auch der Lebensstil. Diese Faktoren betreffen häufig sehr sensible Bereiche, die zwar beschrieben, aber nicht bewertet werden können. So ist klar, dass eine übergewichtige, bewegungsarme Person nach einer Hüftoperation, die in einem mehrstöckigen Haus ohne Aufzug lebt und gern wieder mit ihrem Hund spazieren gehen möchte, dies nur tun kann, wenn sie ihre Einstellung zu Fitness und Ernährung ändert. Trotzdem kann man sie mit dieser festgestellten, personenbezogenen Barriere nicht allein lassen. Die Arbeit an Motivation und Ernährungsstil wäre aber möglicherweise eine Maßnahme zur langfristigen Teilhabeunterstützung.

Alle Kontextfaktoren, ob umwelt- oder personenbezogen werden als **Förderfaktoren** oder **Barrieren** klassifiziert und beeinflussen damit die Möglichkeit zur Teilhabe ganz erheblich. Ein Kontextfaktor, der als Förderfaktor beschrieben wird, hat einen positiven Einfluss auf die Teilhabe einer Person und umgekehrt. So könnte zum Beispiel der ernährungs- und bewegungsbewusste Partner unserer oben beschriebenen Person nach der Hüftoperation einen Förderfaktor darstellen.

An dieser Stelle lohnt erneut ein Blick auf Fridolin:

Fridolins Kontextfaktoren:

Als Umweltfaktor für Mobilität ist im Kitaalltag die Enge und Unübersichtlichkeit in den Räumlichkeiten als Barriere zu sehen, die an dieser Stelle nicht änderbar ist, aber beschrieben werden sollte. Ein Förderfaktor stellt der Rollator dar, der Fridolin sicherer laufen lässt.

Die Eltern sind in Bezug auf die Mobilität als Barriere zu sehen, da sie ihrem Sohn aus Angst und Sorge nicht das nötige Übungsfeld bieten können. Ihr Wunsch nach Sicherheit könnte aber wiederum als Förderfaktor gewertet werden, da sie die therapeutische und pädagogische Förderung ihres Sohnes in der Kita zulassen. Das Übungsfeld in der Therapie könnte Fridolin sicherer werden lassen, was sich dann langfristig auch auf die häusliche Situation auswirken würde.

Der vielleicht wichtigste Förderfaktor liegt im personenbezogenen Bereich: Fridolins hohe Eigenmotivation und sein Wunsch, sich selbstständig zu bewegen, werden die Situation positiv beeinflussen.

1.5 Die Klient*innen beschreiben

Das Ziel der ICF ist, eine Person so umfänglich zu beschreiben, dass eine mögliche Problematik von allen Seiten beleuchtet und umfassend dargestellt werden kann. Der Zweck dieser Beschreibung könnte die Beantragung von Mitteln für die Förderung sein, aber auch das Verfassen eines Therapie- oder Förderberichts.

Welche Informationen werden für die Erstellung einer solchen Beschreibung benötigt?

Zunächst ist es wichtig zu wissen, was ein Kind in welchem Alter können sollte und was noch fehlt. Hier orientiert man sich in der Regel an allgemeingültigen, standardisierten Normen. In den letzten Jahren ist man immer mehr davon abgerückt, ausschließlich Defizite zu sehen, dennoch ist es wichtig, im Blick zu behalten, welches Verhalten oder welche Problematik ursächlich für Entwicklungs- oder Teilhabeschwierigkeiten sein könnten. Dabei kommt es darauf an abzuschätzen, inwieweit eine besondere Entwicklung Teilhabe und Handlung erschwert, oder ob die Besonderheit auch als Diversität eingeschätzt werden kann, für die es kreative Unterstützungsideen braucht.

Weiter ist es unbedingt notwendig, bereits früh mit den Eltern abzusprechen, was die Familie oder im besten Fall das Kind selbst erreichen möchte und was sie als problematisch einschätzen. Nur dann können auch gemeinsame Ziele entstehen und die Fachleute aus Förderung und Therapie wissen, wo der Fokus liegen sollte. Nicht immer lassen sich alle Förderziele unter einen Hut bringen. Es kann kontroverse Diskussionen geben, in manchen Fällen ist die Zielsetzung der Familie vielleicht irreal und aus fachspezifischer Sicht (noch) nicht zu erreichen. Es wird aber nichts bringen, den Eltern eine andere Sicht der Lage aufzuzwingen und die Förderung nur nach fachlich begründeten Zielen zu gestalten. An dieser Stelle ist es wichtig, im Gespräch zu bleiben und den größtmöglichen Konsens herzustellen. Solche Situationen bedeuten immer einen großen Zeitaufwand und können Fachkräfte an die Grenzen ihrer Möglichkeiten bringen. In solchen Fällen könnte über eine Supervision oder auch die Abgabe des Falls an eine*n Kolleg*in nachgedacht werden, wenn das möglich ist.

Wurde durch Gespräche und Beobachtung ein Teilhabeproblem ermittelt, so wird die Frage gestellt, worin die Schwierigkeit liegen könnte:

- Liegt es an strukturellen oder funktionellen Gegebenheiten, fehlt z. B. ein Bein oder das Bein ist gelähmt, so fällt der Blick schnell auf mögliche Hilfsmittelversorgungen. Die Teilhabe könnte in diesem Fall evtl. sehr schnell und sehr deutlich verbessert werden, wenn entsprechende Gerätschaften zur Verfügung stehen würden.

- Liegt es an mentalen Gründen, haben wir es also mit einer kognitiven Einschränkung zu tun oder zeigt die Person sonstige Verhaltensweisen, die mit den gesellschaftlichen Standards nicht vereinbar sind?

- Welche Besonderheit gehört vielleicht zum diagnostizierten Krankheitsbild?

- Oder könnte die Teilhabe durch die Umwelt behindert sein, liegen also entsprechende Barrieren vor?

Hier befinden wir uns zu einem großen Teil auf dem Gebiet der subjektiven Einschätzungen. Lediglich ärztlich gestellte Diagnosen sind vorgegeben und in der Regel abgesichert. Bei allen anderen Einschätzungen steht die subjektive Wahrnehmung im Vordergrund. Aus diesem Grund ist es gut, dass die ICF es vorsieht, alle Einschätzungen in Runden-Tisch-Gesprächen zu gewinnen, bzw. zusammen zu führen und gemeinsam abzustimmen. Hier kann die große Zahl der verschiedenen Perspektiven ein möglichst umfängliches Bild der Person bieten.

Diese Idee kann zunächst abschreckend wirken, da es viel Zeit benötigen kann, solche Termine zu koordinieren und durchzuführen. Erfahrungsgemäß ist es aber so, dass, hat sich erst eine gewisse Routine eingestellt, diese Termine von allen Beteiligten als gewinnbringend eingeschätzt werden und langfristig sogar Zeit sparen können (vgl. Büttner & Quindel, 2013, Giel & Liehs, 2016).

Welche Informationen haben wir über Fridolin?

Fridolin hat eine ärztlich diagnostizierte infantile Zerebralparese mit Diplegie (G80.1).

Die Funktion seiner Beine ist eingeschränkt (Spastik und Kontrakturen), dadurch ist er im Alltag unsicher im Laufen. Diese Problematik wurde durch die Verordnung der Hilfsmittel Posterior Walker und Orthesen fördernd unterstützt. Dennoch ist der Alltag in seiner integrativen Kindertagesstätte so gestaltet, dass bedingt durch die Raumenge und die große Zahl anderer Kinder nicht zu jeder Zeit eine selbstständige Fortbewegung möglich ist. Dies ist als Barriere zu werten, allerdings im Moment auch nicht änderbar.

Fridolin liebt es, sich selbstständig zu bewegen, und ist hoch motiviert, es immer wieder zu versuchen. Dieser personenbezogene Faktor ist als großer Förderfaktor zu werten.

Fridolins Familie wünscht sich ebenfalls mehr Sicherheit im Bewegungsvermögen ihres Sohnes. Aus Sorge um ihn können sie ihm momentan zu Hause noch kein entsprechendes Übungsfeld bieten. Sie schätzen die Förderung in der Kita aber sehr und sind somit einerseits als Barriere, andererseits als Förderfaktor zu werten.

2. Von den Domänen und Lebensbereichen – die bunte Welt der Teilhabe

Die Grundlagen der ICF zu kennen und zu verstehen sind das eine. Ein weiterer wichtiger Aspekt ist, zu erkennen, was sich hinter den neun Lebensbereichen verbirgt, in denen Teilhabeeinschränkungen verortet sind.

Über das System der neun Lebensbereiche wurde versucht, jeden Bereich des alltäglichen Lebens zu erfassen, in dem ein Mensch sich aufhalten und aktiv sein und wo es zu Teilhabeschwierigkeiten kommen kann. Wir finden hier einerseits Einschränkungen, die auf funktionellen oder strukturellen Schädigungen begründet sind, andererseits aber auch die Bereiche, in denen sich ein Mensch aufhält und in denen er oder sie teilhaben kann. Teilhabe findet immer **aktiv** in den neun Lebensbereichen statt und eine Einschränkung könnte, unter anderem durch die funktionelle oder strukturelle Schädigung, (mit-)verursacht sein.

Die Lebensbereiche sind aufgeteilt in Lernen und Wissensanwendung, allgemeine Aufgaben und Anforderungen, Kommunikation, Mobilität, Selbstversorgung, häusliches Leben, interpersonelle Interaktionen und Beziehungen, bedeutende Lebensbereiche und gemeinschafts-, soziales- und staatsbürgerliches Leben. Alle Bereiche werden im Folgenden näher beschrieben.

Die Klassifikation der Lebensbereiche bedarf ein wenig Übung und eine gewisse Einarbeitung in die Thematik. Hier orientieren wir uns an der offiziellen „ICF-CY“, herausgegeben von der WHO. „CY“ bedeutet „Childhood and Youth“, also die Erweiterung des bestehenden Systems, für Kinder und Jugendliche. Die Anschaffung des Standardwerks lohnt sich für alle, die regelmäßig Teilhabepläne oder Bedarfsermittlungen schreiben müssen. Grundsätzlich kommt man aber auch mit den frei zugänglichen Informationen im Internet zurecht. Hilfreich sind die im Buch enthaltenen Erklärungen und Ergänzungen. Hiermit lassen sich unklare Bereiche meist rasch zuordnen. Hilfreich ist auch die Benennung von Faktoren, die explizit nicht zum beschriebenen Bereich gehören und an anderer Stelle verortet sind. Erfahrungsgemäß ist es so, dass durch das regelmäßige Arbeiten mit der ICF-CY die Zuordnung zu den Lebensbereichen schnell sicherer wird.

Wir werden uns nun die einzelnen Lebensbereiche ansehen und überlegen, welche Teilhabebereiche, an welcher Stelle zu finden sind. Um das Ganze möglichst anschaulich zu machen, wird es, wo immer es geht, plakative Beispiele geben.

2.1 Körperfunktionen

Per Definition sind Körperfunktionen „physiologische Funktionen von Körpersystemen (einschließlich psychologischer Funktionen). Schädigungen sind Beeinträchtigungen einer Körperfunktion oder -struktur, wie z.B. eine wesentliche Abweichung oder ein Verlust" (ICF-CY S.81).

Die funktionellen Störungen sind aufgeteilt auf die einzelnen Körpersegmente. Nochmal zur Erinnerung: Schädigungen in diesem Bereich benötigen eine festgestellte Diagnose. Gibt es diese (noch) nicht, wird entweder auf den diagnostischen Bereich verwiesen oder es handelt sich um andere Schwierigkeiten, die nicht funktional sind. Nicht funktionale Schwierigkeiten sind eher im Entwicklungsbereich zu finden, das heißt, sie können sich durch Förderung verbessern. Eine echte funktionelle Schädigung bleibt in der Regel bestehen und kann durch Hilfsmittel oder Operationen kompensiert werden. Natürlich können sich auch funktionelle Störungen verändern, integriert werden und verbessern, wie es bei Entwicklungsstörungen der Fall ist. Häufig ist jedoch mit bleibenden Einschränkungen zu rechnen.

Funktionelle Schädigungen beeinträchtigen eine Aktivität und beeinflussen somit Teilhabe.

Mentale Funktionen
Der erste Bereich betrifft die mentalen Funktionen, also die Funktionen des Gehirns. Dazu gehören die Funktionen des Bewusstseins, der psychischen Energie und des Antriebs, aber auch Funktionen des Gedächtnisses, kognitiv-sprachliche Funktionen oder Funktionen des Rechenvermögens.

Beispiele für diesen Bereich:
Theo ist fünf Jahre alt und hatte im zweiten Lebensjahr einen Ertrinkungsunfall. Seit diesem Tag befindet er sich im Wachkoma und wird in der Familie gepflegt (b110: Funktionen des Bewusstseins, Bewusstseinszustand).

Yasemin ist drei Jahre alt und hat die Diagnose „Down Syndrom". Ihre Funktionen der Intelligenz sind eingeschränkt (b117: Funktionen der Intelligenz).

Toni ist 15 Jahre alt und hat eine schwierige Vergangenheit, die von Vernachlässigung geprägt war. Er ist vor kurzem straffällig geworden. Er war in eine schwere Schlägerei verwickelt, die er angezettelt und andere Kinder dabei schwer verletzt hat. Das gerichtspsychiatrische Gutachten hat ihm Einschränkungen in der Umgänglichkeit (b1261, antisoziales Verhalten) und der psychischen Stabilität (b1263, Aggression) bescheinigt.

Hannah ist fünf Jahre alt und in der Kita aufgefallen, da sie angefangen hat zu stottern. Es ist nur dann eine Funktionsstörung (b330: Funktionen des Redeflusses), wenn dies medizinisch festgestellt wurde. Bei Hannah scheint es keine Funktionsstörung des Sprechens, sondern entwicklungsbedingt zu sein. Dies kennzeichnet damit eine Reifungsstörung bzw. Regulationsstörung (z. B. b1251: intrapersonelle Funktion, Responsivität). Eine Funktionsstörung müsste professionell bestätigt werden, etwa durch eine ärztliche oder logopädische Diagnostik. Liegt das Stottern daran, dass Hannah sich in Gemeinschaften unwohl fühlt, ängstlich oder schüchtern ist, befinden wir uns in den neun Lebensbereichen. In diesem Fall wäre dies d240: mit Stress und anderen psychischen Anforderungen umgehen. Doch dazu später mehr.

Lukas ist 10 Jahre alt und hat plötzlich begonnen, eine TIC-Störung zu entwickeln. Er beginnt bei Anforderung intensiv mit den Augen zu blinzeln (b1470 Psychomotorische Kontrolle). Abzuklären wäre hier, ob es sich um eine funktionelle, psychische Störung handeln könnte.

Sinnesfunktionen und Schmerz
Dieser Bereich betrifft die Funktion der Sinne wie Sehen, Hören, Schmecken usw. aber auch den Bereich der Schmerzempfindungen.

Beispiele für diesen Bereich:
Tia ist vier Jahre alt und aufgrund einer Frühgeburtlichkeit stark sehbehindert. Ihre Sehschärfe ist beidseitig, sowohl im Nahbereich als auch in der Ferne eingeschränkt (b21000, b21002: Sehschärfe in Ferne und Nähe). Durch das Hilfsmittel Brille kann diese Funktionsstörung nur teilweise kompensiert werden.

Ivan ist acht Jahre alt und besucht die zweite Klasse einer Grundschule. Er hat eine angeborene Schwerhörigkeit (b2300: Schallwahrnehmung), die ihm die Teilhabe in der Schule erschwert. Ivan trägt ein Hörgerät, welches die Problematik gut kompensiert, dennoch hat er häufig Schwierigkeiten, Laute auditiv zu differenzieren (b 2301: auditive Differenzierung), was sich auch auf den Schrifterwerb auswirkt.

Anna ist 17 Jahre alt und hat eine infantile Zerebralparese mit einer starken Tetraspastik. Durch die Spastik kam es zu deutlichen Kontrakturen (Bewegungseinschränkungen) und einer Hüftluxation links, die ihr große Schmerzen bereitet (b28016: Gelenkschmerz). Durch diese Schmerzen ist es ihr an manchen Tagen unmöglich, im Rollstuhl zu sitzen, und sie verbleibt im Bett. Dadurch ist die Teilhabe in der Schule und bei weiteren gesellschaftlichen Aktionen beeinträchtigt.

Stimm- und Sprechfunktionen
In diesem Kapitel werden alle Funktionen der Lauterzeugung und des Sprechens beleuchtet.

Beispiele für diesen Bereich
Hans ist acht Jahre alt und hat bei einer Notoperation durch den Tubus eine Verletzung seiner Stimmbänder erlitten (b3101: Stimmqualität). Dadurch ist seine Stimme dauerhaft sehr leise und heiser und das Sprechen strengt ihn sehr an. Weil er schlecht verstanden wird, zieht er sich immer mehr von anderen Kindern zurück.

Funktionen des kardiovaskulären, hämatologischen, Immun- und Atmungssystems

In diesem Kapitel befinden sich alle Erkrankungen oder Beeinträchtigungen, die mit der Funktion des Herzens und der Blutgefäße, der Blutbildung und der Immunität und den Funktionen des Atmens sowie der kardiorespiratorischen Belastbarkeit zusammenhängen.

Beispiele für diesen Bereich:

Anna ist fünf Jahre alt und hat eine komplexe Fehlbildung des Herzens (b4102: Kontraktionskraft der Ventrikel) und ist dadurch nur sehr wenig belastbar (b4550: Allgemeine Ausdauerleistung).

Viktor (14) hat starkes, allergisches Asthma und kann dadurch, vor allem in den Sommermonaten, nur eingeschränkt am Schulsport teilnehmen (b440: Atmungsfunktionen).

Thea (sieben) hat Mukoviszidose (b4500: Schleimproduktion der Atemwege und b4501: Sekrettransport der Atemwege) und dadurch ist sie sehr infektgefährdet und fehlt häufig in der Schule.

Funktionen des Verdauungs-, des Stoffwechsel- und des endokrinen Systems

Dieses Kapitel beschäftigt sich mit den Funktionen der Nahrungsaufnahme, der Verdauung und den Ausscheidungen. Weiterhin geht es um Stoffwechselfunktionen und den Funktionen der endokrinen Drüsen, die dann auch die Funktionen des Wachstums betreffen.

Beispiele für diesen Bereich:

Emir ist fünf Jahre alt und hat eine infantile Zerebralparese mit starker Tetraspastik. Er hat große Probleme, Nahrung zu kauen und zu schlucken (b5105: Schlucken). Es kommt häufig zu stillen Aspirationen (Nahrung gerät in die Bronchien oder Lunge) mit der Folge von wiederkehrenden Lungenentzündungen. Dies beeinträchtigt den Besuch der Kita.

Lea ist sieben Jahre alt und hat Diabetes Typ 1 (b5401: Kohlenhydratstoffwechsel). Sie benötigt Unterstützung bei der Kontrolle ihres Insulinspiegels und dem Errechnen ihrer Kohlenhydratzufuhr. Damit sie eine Ganztagsschule besuchen kann, benötigt sie eine Schulbegleitung, die in diesen Angelegenheiten unterstützt, bis Lea allein dafür sorgen kann.

Funktionen des Urogenital- und reproduktiven Systems
Hier geht es um alle Funktionen, die die Harnausscheidung und die Reproduktion betreffen, einschließlich der Sexual- und Fortpflanzungsfunktionen.

Beispiele für diesen Bereich:
Simon ist vier Jahre alt und hat eine Spina bifida („offener Rücken"). Er hat keine Kontrolle über seine Blase und ist vollständig inkontinent (b6202: Harninkontinenz). Für den Kindergartenbesuch braucht er die Unterstützung einer medizinischen Fachkraft, da er mehrmals täglich katheterisiert werden muss.

Neuromuskuloskeletale und bewegungsbezogene Funktionen
In diesem Kapitel geht es um alle Funktionen der Bewegung und Mobilität, einschließlich der Funktionen der Gelenke, Knochen, Reflexe und Muskeln.

Beispiele für diesen Bereich:
Amira ist fünf Jahre alt und hat eine angeborene Einschränkung der Beweglichkeit ihres Handgelenks (b7100: Beweglichkeit eines einzelnen Gelenks). Dies beeinträchtigt sie in der Entwicklung ihrer Feinmotorik.

Oscar ist sieben Jahre alt und hat eine Hemiplegie aufgrund einer perinatalen Hirnblutung. Seine linke Körperhälfte ist sehr schwach (b7302: Kraft der Muskeln einer Körperhälfte).

Elin ist sechs Jahre alt und hat eine Athetose (Bewegungsstörung gekennzeichnet durch unwillkürliche, ausfahrende Bewegungen) (b7650: unwillkürliche Muskelkontraktionen).

Funktionen der Haut und Hautanhangsgebilde
Dieser Abschnitt befasst sich mit den Funktionen der Haut, der Nägeln und des Haares.

Beispiele für diesen Bereich:
Malte ist acht Jahre alt und leidet seit seiner Geburt stark an Neurodermitis. Der Juckreiz ist an manchen Tagen so intensiv, dass er das Haus nicht verlassen kann (b840: auf die Haut bezogene Empfindungen).

2.2 Körperstrukturen

Per Definition sind Körperstrukturen „anatomische Teile des Körpers, wie Organe, Gliedmaßen und ihre Bestandteile. Schädigungen sind Beeinträchtigungen einer Körperfunktion oder -struktur, wie z. B. eine wesentliche Abweichung oder ein Verlust“ (ICF-CY S. 135).

Dieser Bereich ist genauso aufgebaut, wie der der Körperfunktionen. Einziger Unterschied ist, dass für eine strukturelle Schädigung tatsächlich etwas nicht vorhanden sein muss, also eine Anlagestörung vorliegt oder ein Körperteil oder Organ amputiert oder operativ entfernt wurde, bzw. grundsätzlich strukturell geschädigt ist (z. B. eine Gelenkversteifung).

Auch diese Dinge obliegen den Diagnosen des ärztlichen Bereiches, deshalb können wir an dieser Stelle in der Regel auf bereits gestellte Diagnosen zurückgreifen.

Für diesen Bereich werde ich nicht noch einmal die einzelnen Bereiche durchgehen, sondern nur einige plakative Beispiele nennen.

Grundsätzlich gilt auch hier: Funktionelle Schädigungen beeinträchtigen eine Aktivität und beeinflussen somit die Teilhabe.

Beispiele:

- Strukturelle Hirnschädigungen (s1100: Struktur der Großhirnhälften. Teile des Gehirns sind nicht angelegt oder operativ entfernt worden, z.B bei einem Hirntumor).

- Spina bifida (s1200: Struktur des Rückenmarks. Hier ist die Struktur des Rückenmarks geschädigt).
- Netzhautablösung bei Frühgeburtlichkeit (s2203: Netzhaut (Retina)).
- Zahnanlagestörung (s3200: Zähne).
- Lippen-Kiefer-Gaumenspalte (s3202: Struktur des Gaumens)
- Ventrikelseptum-Defekt (Herzfehler) (s41001: Struktur der Ventrikel)
- Lungenschädigung bei Frühgeburtlichkeit (s4301: Struktur der Lunge)
- Zu früher Verschluss der Fontanelle und Schädelnähte (s71001 Fontanelle)

2.3 Klassifikation der Aktivitäten und Partizipation (Teilhabe)

Dieser Bereich interessiert alle pädagogisch arbeitenden Personen maßgeblich. Hier geht es um die tatsächlichen Einschränkungen einer Person in ihrem jeweiligen Alltag. Alle funktionalen und strukturellen Einschränkungen, mit denen wir uns vorher beschäftigt haben, können Teilhabeeinschränkungen nach sich ziehen oder beeinflussen, dennoch sind diese Dinge meist eher nicht oder nur sekundär pädagogisch beeinflussbar. Sie werden in der Regel durch medizinische Interventionen oder die Installation eines Hilfsmittels kompensiert. Die klassischen Einschränkungen der Aktivitäten oder Partizipation sind dagegen individuelle Folgen von Entwicklungsschwierigkeiten, strukturellen oder funktionalen Problematiken. Einige werden durch Umwelteinflüsse hervorgerufen oder beeinflusst, andere liegen in der Person selbst.

Ich werde nun die einzelnen Lebensbereiche behandeln, erklären und versuchen, das Ganze mit plakativen Beispielen zu verdeutlichen.

2.3.1 Lernen und Wissensanwendung

Dieser Bereich befasst sich mit allem, was das Lernen, die Anwendung des Erlernten, das Denken, Probleme lösen und Entscheidungen treffen, angeht. Es beginnt bei **bewusster sinnlicher Wahrnehmung** (d110-d129), wie zum Beispiel dem Hinsehen, ohne dass die Funktion des Auges dabei berücksichtigt wird (dies wäre bei den Körperfunktionen zu finden). Der Bereich endet bei komplexer Problemlösung, wie zum Beispiel der Organisation des Alltags.

Im Bereich des **elementaren Lernens** (d130-d159) beginnt das Kind damit, Dinge nachzumachen oder nachzuahmen, es exploriert mit Gegenständen und beginnt Sprache zu erwerben. Es übt oder eignet sich Konzepte an, wie Dinge zuzuordnen oder zu klassifizieren. Es lernt Lesen, Schreiben oder Rechnen und eignet sich weitere Fertigkeiten an, wie zum Beispiel den Umgang mit Besteck.

Beispiel:
David ist sechs Monate alt. Er kann zwei Klötzchen gegeneinanderschlagen (d1311: Lernen durch Handlungen, die zwei oder mehr Gegenstände in Beziehung setzen), aber er schafft es noch nicht, einen Deckel auf eine Dose zu setzen (d1312: Lernen durch Handlungen, die zwei oder mehr Objekte in Beziehung setzen, mit Berücksichtigung spezifischer Merkmale).

Im Bereich der Wissensanwendung (d160-d179) schafft es das Kind, seine Aufmerksamkeit zu fokussieren und zu lenken. Es beginnt zu denken, das heißt, es kann Handlungen vorausahnen, sich Dinge vorstellen oder „So-tun-als-ob-Spiele" durchführen. Beim Lesen, Schreiben und Rechnen kann es nun verstehen, was es liest und einen sinnvollen Text zu Papier bringen, sowie Rechenprozesse anwenden. Es kann Probleme lösen, zunächst einfacher Art, wie zum Beispiel das Trinken als Reaktion auf ein Durstgefühl, später auch komplexerer Art, wie zum Beispiel die Notwendigkeit eines Einkaufs, wenn es etwas trinken will. Schlussendlich kann es Entscheidungen treffen, wie zum Beispiel einen besonderen Gegenstand unter vielen auswählen.

Beispiel:
Anton ist drei Jahre alt und liebt es, zu Hause mit der Fernbedienung des Fernsehers zu spielen. Er tut so, als ob diese ein Handy wäre (d1314: Lernen durch So-tun-als-ob-Spiel).

Charlotte ist 10 Jahre alt und geht in die vierte Klasse einer Grundschule. Sie hat große Probleme in der Rechtschreibung (d1701: Grammatikalische Regeln in geschriebenen Texten nutzen). Aktuell wird überprüft, ob eine Lese-Rechtschreib-Schwäche vorliegt.

Felix ist 18 Jahre alt und hat eine Intelligenzminderung. Im Moment versucht er, in einer geschützten Werkstatt einer Beschäftigung nachzugehen, er verpackt unterschiedliche Dinge in die zugehörigen Behältnisse. Hier fällt es ihm immer wieder schwer, die richtigen Dinge aus einer Auswahl herauszusuchen (d1371: komplexe Konzepte aneignen).

2.3.2 Allgemeine Aufgaben und Anforderungen

Dieser Bereich befasst sich mit der Ausführung von Aufgaben, der Organisation von Routinen, aber auch dem Umgang mit Stress (Reaktion auf Anforderungen).

Im Bereich der **Übernahme von Einzelaufgaben** (d210) lernt das Kind, einfache Aufgaben weitestgehend allein durchzuführen, wie das Anziehen der Jacke oder einen Turm zu bauen. Bei den **komplexeren Aufgaben** (d2101) kann es dann bereits Handlungen mit mehreren Schritten ausführen. Es kann Spielhandlungen vorbereiten und anschließend aufräumen. Es weiß, dass es für das Malen mit Wasserfarben, Papier, Pinsel und Farbe braucht und dass es die Farben nur nutzen kann, wenn es den Pinsel vorher in das Wasser taucht.

Zunehmend kann es **Mehrfachaufgaben** (d220) übernehmen, wie zum Beispiel das Kochen eines einfachen Gerichts oder das Backen eines Kuchens. Langfristig ist es dann in der Lage, **die tägliche Routine durchzuführen** (d230), also den Tag durchzuplanen, wiederkehrende Pflichten und Routinen zu berücksichtigen und sich die Zeit einzuteilen.

Beispiel:
Paul ist fünf Jahre alt. Er kann sich im Kindergarten schon sehr gut allein seine Schuhe anziehen (d210: eine Einzelaufgabe übernehmen). Wenn er sich komplett anziehen soll, scheitert er meist, weil er die nötigen Reihenfolgen nicht einhalten kann (d220: Mehrfachaufgaben übernehmen).

Der Bereich **mit Stress und anderen psychischen Anforderungen umgehen** (d240), beschäftigt sich mit allen Dingen, die eine besondere Reaktion benötigen. Wie reagiert das Kind zum Beispiel, wenn es gestört wird, wenn die Dinge anders laufen, als geplant oder wenn es unter Zeitdruck steht?

Wie kann es **sein Verhalten steuern** (d250), wenn es sich mit Neuem auseinandersetzen muss, wenn es Anforderungen ausgesetzt ist oder Personen oder Situationen begegnet?

Beispiel:
Tom hat den Verdacht einer Autismus-Spektrum-Störung (ASS). Er reagiert immer sehr wütend und unkontrolliert, wenn er etwas tun soll, was nicht seinen Erwartungen oder Routinen entspricht. Er hat also Schwierigkeiten, mit besonderen Anforderungen umzugehen (d2501: sein Verhalten und den Ausdruck von Gefühlen angemessen steuern, als Reaktion auf tatsächliche oder wahrgenommene Erwartungen und Anforderungen).

Maria ist fünf Jahre alt und besucht eine Kita. Im Alltag ist sie unauffällig, sie hat aber große Probleme, wenn sie männlichen Mitarbeitern, wie zum Beispiel dem Hausmeister begegnet oder der Zivildienstleistende in ihrer Gruppe tätig ist. Sie kann dann nicht mehr freispielen und hört auf zu kommunizieren (d2502: Personen und Situationen begegnen).

2.3.3 Kommunikation

Dieser Bereich befasst sich mit den Merkmalen der Kommunikation mittels Sprache, Zeichen und Symbolen, einschließlich des Verstehens und Produzierens von Mitteilungen sowie der Konversation und des Gebrauchs von Kommunikationsgeräten und -techniken.

Der Bereich **Kommunizieren als Empfänger** (d310-d329) beinhaltet alles, vom Empfangen der gesprochenen Mitteilungen (d310), dem Empfangen non-verbaler Mitteilungen (d315), aber auch dem Empfang von Mitteilungen in Gebärdensprache (d320), sowie schriftlicher Mitteilungen (d325).

Ähnliches gilt für den Bereich des **Kommunizierens als Sender** (d330-d349). Es geht um das Sprechen selbst (d330), präverbale Äußerungen, wie die Lautbildung beim Säugling, Lallen, Lautieren (d331), aber auch das Singen ist hier zu finden (d332), sowie das Produzieren non-verbaler Mitteilungen (d335), Mitteilungen in Gebärdensprache (d340) oder Mitteilungen zu schreiben (d345). Weiterhin geht es um die Konversation selbst (d350), wie eine Unterhaltung zu führen oder zu diskutieren (d355). Kann keine Laut- oder Gebärdensprache erlernt werden, hat eine Person die Möglichkeit, Kommunikationsgeräte und -techniken zu benutzen (d360).

Beispiel:
Tom (V.a. ASS), spricht noch nicht, reagiert aber gut auf Symbolkarten (d3152: Kommunizieren als Empfänger von Zeichnungen und Fotos). Hierdurch ist er in der Lage, einfache Aufforderungen zu befolgen oder Routinen durchzuführen. Dies kann als Förderfaktor gewertet werden. Langfristig soll ein elektronisches Kommunikationsgerät ausprobiert werden (d360: Kommunikationsgeräte und Techniken benutzen).

2.3.4 Mobilität

Dieser Bereich beschäftigt sich mit allen Aspekten der eigenen Bewegung, begonnen bei der Veränderung der eigenen Lage, bis zum Gebrauch verschiedener Transportmittel.

Der Bereich, **die Körperposition ändern und aufrechterhalten (d410-d429)**, beginnt damit, eine elementare Körperposition zu wechseln (d410). Das Kind kann einfache Bewegungsübergänge ausführen. Es ist ebenfalls in der Lage, in einer bestimmten Position zu verbleiben (d415), oder seine Körperposition zu verlagern (d420).

Es kann mit **Gegenständen** hantieren, diese **tragen, bewegen und handhaben (d430-d449)**, und ist in der Lage, seine Hände oder auch Füße **feinmotorisch** zu gebrauchen (d440/ d446).

Das Kind kann **Gehen und sich fortbewegen (d450-d469)**. Dies ist ihm in unterschiedlichen Umgebungen möglich (d460). Ist ihm das selbstständige Gehen nicht möglich, kann es sich eventuell unter Verwendung von Geräten/Ausrüstung fortbewegen (d465).

Der Bereich **„sich mit Transportmitteln fortbewegen" (d470-d489)** wird im kindlichen Bereich eher selten benötigt. Lediglich der Aspekt des Mitfahrers im Auto oder Kinderwagen oder Buggy oder als Fahrgast in einem Bus unterwegs zu sein ist von Interesse.

Beispiele:
Fridolin kann sich einige Schritte selbstständig mit seinem Posterior Walker fortbewegen (b465: sich unter Verwendung von Geräten fortbewegen).

Tom (V.a. ASS) macht jeden Morgen Theater, wenn er mit dem Bus zur Kita abgeholt wird (d4702: ein öffentliches, motorisiertes Verkehrsmittel benutzen). Der Busfahrer weigert sich aus Sorge um die anderen Kinder, Tom weiterhin abzuholen, da er sich nicht gut genug auf den Verkehr konzentrieren kann. Damit wäre Toms Verbleib in der Kita gefährdet.

2.3.5 Selbstversorgung

Dieser Bereich beschäftigt sich mit der Selbstversorgung, also dem Waschen, der Körperpflege, dem An- und Ausziehen von Kleidung, der Nahrungsaufnahme und der Gesundheitssorge.

Gerade der Bereich der Gesundheitssorge ist wesentlich, bei der Beantragung von Unterstützung für Personen mit Teilhabebeeinträchtigungen. Das Achten auf die eigene Gesundheit ist ein wichtiger Bereich, um langfristig Lebensqualität zu sichern und damit mit besonderer Sorgfalt zu prüfen. Dieser Bereich ist ebenfalls sehr weitläufig fassbar, da es in gewisser Weise

Interpretationssache ist, ab wann eine Teilhabebeeinträchtigung zum Gesundheitsproblem werden kann. Es kommt immer darauf an, mit welcher Brille das Problem betrachtet wird.

Die Selbstversorgung beginnt mit dem Bereich **„sich waschen" (d510)**: Ist das Kind in der Lage, einzelne Körperteile oder sogar den ganzen Körper zu waschen und abzutrocknen und zu **pflegen (d520)**? Hierzu gehört die Haut- und Zahnpflege, das Haare kämmen oder Finger- und Fußnägel pflegen, aber auch das Naseputzen.

Ein weiterer Aspekt ist die **Benutzung der Toilette (d530)**. Kann das Kind die Toilette benutzen (d5308), kann es sein Bedürfnis anzeigen (d53000 und d53010) oder die Blasen- oder Darmentleerung vielleicht sogar angemessen durchführen (d53001 und d53011).

Im Bereich **„sich kleiden" (d540)** geht es um das An- und Ausziehen von Kleidung und Schuhen, aber auch darum, überhaupt geeignete Kleidung auszuwählen (d5404).

Das **Essen (d550)** und **Trinken (d560)** beschäftigt sich damit, ob das Kind das Bedürfnis dazu anzeigen und ob es die Nahrung angemessen zu sich nehmen kann.

Die **Gesundheitssorge (d570)** beschäftigt sich damit, ob das Kind für seinen physischen Komfort sorgen kann (d5700). Ob es Temperaturen beachten kann, ob es anzeigen kann, wenn es nass ist oder die Beleuchtung selbstständig der Tageszeit anpassen kann und sich über die Notwendigkeit dies zu tun im Klaren ist. Kann es auf seine Ernährung achten und sich ausreichend bewegen (d5701), damit es fit und gesund bleibt? Schafft es, auf seine Gesundheit zu achten (d5702), also beispielsweise Medikamente angemessen einzunehmen oder sich Rat und Unterstützung zu holen, wenn es selbst nicht weiterkommt?

Ähnlich ist der Bereich des **Achtens auf die eigene Sicherheit (d571)**. Hier geht es darum, Risiken zu vermeiden und darauf zu achten, dass man sich selbst nicht verletzt oder in Gefahr begibt.

Beispiele:
Mia ist fünf Jahre alt und hat eine komplexe Entwicklungsstörung. Sie schafft es nicht, sich selbst zu versorgen, auf die Toilette zu gehen, sich die Hände zu waschen, zu essen oder zu trinken. Sie ist durch ihre Unsicherheit und Distanzlosigkeit häufiger in kleinere Unfälle verwickelt (d570: auf seine Gesundheit achten, d5700: für seinen physischen Komfort sorgen und d571: achten auf die eigene Gesundheit). Eine Teilhabe ohne Unterstützung im Alltag würde langfristig Gesundheitsprobleme nach sich ziehen.

Olivia ist sieben Jahre alt, hat eine Spina bifida (offener Rücken), kann nicht selbstständig zur Toilette gehen und benötigt täglich Windeln. Hier handelt es sich um ein strukturelles Problem (s12002: Struktur des Lendenmarks) und ein funktionelles Problem (b6202: Harninkontinenz. Funktionen, die an der Kontrolle über die Blasenentleerung beteiligt sind). Diese Informationen kommen aus den ärztlichen Diagnosen und können gut über Hilfsmittel (Windeln) positiv beeinflusst werden.

Dies hat aber nur wenig Einfluss auf die Teilhabe des Kindes. Olivia schämt sich, weil sie immer noch Windeln trägt. Dieser Fakt belastet die Partizipation, da sie zunehmend häufig morgens nicht in die Schule gehen möchte (d2501: Reaktion auf Anforderung. Den Ausdruck von Gefühlen angemessen steuern, als Reaktion auf tatsächliche oder wahrgenommene Erwartungen und Anforderungen). Dies gehört in den Lebensbereich 2: Allgemeine Aufgaben und Anforderungen.

Im Grunde genommen belastet aber der Bereich „d5300: Belange der Blasenentleerung regulieren“ die Teilhabe. Olivia kann das Bedürfnis nicht wahrnehmen und daraus folgt alles Weitere. Ihre Reaktion auf die Anforderung des nicht leistbaren selbstständigen Toilettengangs sorgt dafür, dass Olivia sich schämt und nicht mehr in die Schule gehen möchte. Mit einer Windelversorgung allein kann die Teilhabe folglich nicht sichergestellt werden.

2.3.6 Häusliches Leben

Dieser Bereich befasst sich mit allen Aspekten der häuslichen Handlungen und Aufgaben, wie die Beschaffung von Wohnraum oder Lebensmitteln, Reinigungs- und Reparaturarbeiten, bis hin zur „Hilfe für andere". Dies fällt bei jungen Kindern weitestgehend in den Verantwortungsbereich der Eltern.

Je älter das Kind bzw. die Klient*in wird, umso selbstständiger werden seine häuslichen Handlungen. Die Lebensumwelt erweitert sich auf eine außerfamiliäre Unterbringung. Damit steigen die Anforderungen an das häusliche Leben und eine veränderte Teilhabeunterstützung.

Beispiel:
Marvin ist 18 Jahre alt und hat das Down-Syndrom. Bisher hat er in seinem Elternhaus gelebt, seine Eltern möchten aber, dass er von ihnen unabhängiger wird, und befürworten den Umzug in eine betreute Wohngemeinschaft. Hier gibt es verschiedene Pflichten, mit denen Marvin noch Schwierigkeiten hat, wie zum Beispiel die Reinigung der Küche nach dem gemeinsamen Kochen (d.6401: Küchenbereich und -utensilien reinigen).

2.3.7 Interpersonelle Interaktion und Beziehungen

In diesem Bereich geht es um den Umgang mit Handlungen und Aufgaben, die für die Interaktion mit anderen Menschen, bekannt oder unbekannt, notwendig sind, im weitesten Sinne also um das soziale Leben. Es geht um Beziehungsaufbau zu Freunden, aber auch dem Umgang mit Autoritätspersonen, genauso wie Familienbeziehungen. Schwierigkeiten in diesem Bereich haben häufig auch einen Anteil in den Umweltbarrieren. So könnte beispielsweise eine depressive Mutter die Sozialkompetenzentwicklung ihres Kindes einschränken, da sie weniger häufig das Haus verlässt und damit dem Kind somit weniger Lernchancen zur Verfügung stehen (Laucht et al., 2002, Mattejat et al., 2000). Auch Kinder mit Autismus-Spektrum-Störungen haben häufig Schwierigkeiten in diesem Bereich, da sie oft Schwierigkeiten in Beziehungsaufbau oder -gestaltung haben (vgl. Bruning & Roland, 2020).

Der Bereich beginnt mit **allgemeinen interpersonellen Interaktionen (d710-d729)**. Bei den elementaren interpersonellen Aktivitäten (d710) geht es darum, wie das Kind mit anderen interagiert. Ist dies sozial und dem Kontext angemessen? Kann das Kind Rücksicht nehmen und anderen Wertschätzung entgegenbringen? Wie geht es mit Konflikten um und kann es soziale Zeichen deuten?

Im Bereich der komplexen interpersonellen Interaktionen (d720) wird gefragt, ob und wie das Kind Beziehungen eingehen oder beenden kann und wie es sein Verhalten in Beziehungen reguliert. Versteht es soziale Regeln und kann es den nötigen sozialen Abstand wahren? Wie gestaltet es Freundschaften?

Besondere interpersonelle Beziehungen (d730-d779) fragt nach Problemen im Bereich des Umgangs mit Fremden (d730). Ist das Kind distanzlos oder übermäßig schüchtern? Wie verhält es sich in formellen Beziehungen (d740), also im Kontakt mit Autoritätspersonen, wie Lehrern oder Therapeuten, aber auch anderen, eher gleichrangigen, nicht freundschaftlichen Beziehungspartnern, wie z. B. Mitschülern auf dem Schulhof.

Informelle soziale Beziehungen (d750) sind Beziehungen zu Freunden, Nachbarn, Bekannten, Mitbewohnern oder anderen Kindern/Schüler*innen (Peers).

Der Bereich der Familienbeziehungen (d760) beleuchtet die Fähigkeiten, Beziehungen zu Verwandten aufzubauen und aufrecht zu erhalten, begonnen bei den eigenen Eltern oder Pflegeeltern, über Geschwister, bis hin zum erweiterten Familienkreis.

Die intimen Beziehungen (d770) sind für den Bereich der Frühförderung unbedeutend, mit zunehmendem Alter gewinnen diese an Wichtigkeit. Es geht um erste Liebesbeziehungen (d7700), aber auch um eheliche Beziehungen (d7701) oder Sexualbeziehungen (d7702).

Beispiel:
Tom (V.a. ASS) schafft es nicht, in der Kita mit anderen Kindern zu spielen. Hier benötigt er Unterstützung zur Teilhabe (d7200: Beziehungen eingehen).

Fritz ist distanzlos (d730: mit Fremden umgehen) und hat zu seiner Einzelintegrationskraft (EI) ein besonders inniges Verhältnis, was sich mittlerweile auch auf den privaten Bereich ausdehnt. Ohne sie ist praktisch keine Teilhabe mehr möglich (d740: formelle Beziehungen, d4700: mit Autoritätspersonen umgehen).

Hier wurde aus dem eigentlichen Förderfaktor „Einzelintegrationskraft" (EI) eine Barriere, da die professionelle Beziehung informell wurde. Die EI kann nicht mehr die nötige Distanz wahren, um Fritz bei seiner Entwicklung zu unterstützen. Ihre Aufgabe wäre es, Fritz von ihr unabhängig werden zu lassen und nicht, ihren Wirkungskreis auszudehnen.

2.3.8 Bedeutende Lebensbereiche

In diesem Bereich finden wir die Handlungen, die notwendig sind, um eine Schule oder eine Kita zu besuchen, arbeiten zu gehen oder andere wirtschaftliche Transaktionen durchzuführen.

Der Bereich **Erziehung und Bildung (d810-d839)** beleuchtet die Fähigkeiten des Kindes, zu Hause oder in einem anderen, nicht institutionellen Rahmen zu lernen, also Dinge, die einem Menschen von seinem häuslichen Umfeld beigebracht werden (informelle Bildung: d810).

In der Vorschulerziehung wird geschaut, ob das Kind in ein Programm dieser Art eintreten (d8150), aber auch darin verbleiben kann (d8151). Kommt es in diesem Programm voran (d8152) und kann es dies letztendlich auch abschließen (d8153)? Kann es neben dem eigentlichen Programm an sich auch an damit verbundenen Tätigkeiten teilnehmen, wie Ausflügen oder Feiern (d816)?

Auf gleiche Weise beschäftigt sich der Bereich weiter mit den Belangen der Schulbildung (d820), der theoretischen Berufsausbildung (d825), sowie der höheren Bildung und Ausbildung (d830).

Ist das Kind älter oder handelt es sich um erwachsene Klient*innen, so wird auch der Bereich der **Arbeit und Beschäftigung (d840-d859)** in den Blick genommen.

Das letzte Thema in diesem Bereich ist der des **wirtschaftlichen Lebens (d860-d879)**. Hier geht es um einfache Tätigkeiten, wie Einkaufen und das Ganze auch zu bezahlen. Aber auch um komplexere Dinge, wie das Führen eines Kontos oder den Handel mit Waren, wie zum Beispiel den Verkauf gebrauchter Dinge auf einem Flohmarkt.

Etwas merkwürdig wirkt an dieser Stelle der Bereich **„sich mit Spielen beschäftigen (d880)**. Wir finden hier tatsächlich den gesamten Bereich des kindlichen Spiels, wie dem Solitärspiel (d8800), dem Beobachtungsspiel (d8801), dem Parallelspiel (d8802) und dem gemeinsamen Kooperationsspiel (d8803). Dieser etwas ungewöhnliche Ort für das kindliche Spiel an sich erschließt sich meines Erachtens nicht intuitiv und muss wahrscheinlich einfach erinnert werden. Hier hilft vielleicht die Vorstellung, das Spielen der „Beruf des Kindes“ ist.

Häufig gehen Problematiken im Bereich des Spiels aber auch mit anderen, grundsätzlichen Schwierigkeiten im Bereich der Aufmerksamkeit, des Sozialverhaltens, der Wahrnehmung und vielem mehr einher. In der Regel beschränkt sich eine Problematik nicht ausschließlich auf die Fähigkeit zu spielen.

Beispiel:
Till (fünf Jahre) hat eine massive ADHS-Symptomatik und wird in einer Kindertagesstätte aufgenommen, die durch sein Verhalten schnell an ihre Grenzen kommt. Deshalb droht sie den Eltern mit Verkürzung der Anwesenheitszeit oder sogar Ausschluss (d8151: Verbleiben in einem Programm der Vorschulbildung).

Karl ist fünf Jahre alt und hat eine deutliche Intelligenzminderung. In der Kita zeigt er kein Interesse an Spielzeug oder anderen Kindern, er beschäftigt sich ausschließlich mit Hin- und Herlaufen im Gruppenraum. Das mangelnde Interesse an Spielzeug und der Spielhandlung an sich begrenzt die Fördermöglichkeiten (d880: sich mit Spielen beschäftigen).

2.3.9 Gemeinschafts-, soziales und staatsbürgerliches Leben

Dieser Bereich gehört der Teilnahme am organisierten, staatsbürgerlichen Leben außerhalb der eigenen Familie, wie zum Beispiel dem Besuch eines Sportvereins. Auch Diskriminierungen oder Chancengleichheit haben hier ihren Platz.

Der Bereich des **Gemeinschaftslebens (d910)** beschäftigt sich mit informellen oder formellen Vereinigungen oder Feierlichkeiten. Kann das Kind an Clubs oder bei bestimmten ethnischen Gruppen teilnehmen? Kann es dies auch bei formellen Vereinigungen, wie z. B. Gewerkschaften tun? Kann es an Feierlichkeiten wie Hochzeiten teilnehmen oder sich mit anderen Menschen informell treffen, zum Beispiel in Parks oder Cafés?

Kann es sich in **Erholung und Freizeit (d920)** bei Spiel und Sport, Kunst und Kultur oder anderen Hobbys ausleben?

Ist es im Bereich **Religion und Spiritualität (d930)** in der Lage, organisierte religiöse Orte zu besuchen und an entsprechenden Zeremonien teilzunehmen?

Der Bereich der **Menschenrechte (d940)** beleuchtet eine mögliche Diskriminierung, z. B. aufgrund der Hautfarbe oder einer Behinderung.

Im **politischen Leben und Staatsbürgerschaft (d950)** geht es um die Beteiligungsmöglichkeiten am politischen oder staatsbürgerlichen Leben. Ebenfalls ein Bereich, der im Bereich von früher Kindheit eher selten Beachtung findet.

Beispiel:
Till (massive ADHS-Symptomatik) möchte in einen Sportverein eintreten, was aufgrund seines Verhaltens aber schwierig ist und abgelehnt wird (d9201: Erholung und Freizeit, Sport).

Lucia ist ein Kind aus einer einkommensschwachen Familie und möchte ein Musikinstrument lernen. Die Eltern können dies nicht finanzieren (d940: Menschenrechte). Es geht um die Herstellung von Chancengleichheit. Hier gibt es zum Beispiel Bildungsgutscheine der Bundesregierung zur Teilhabesicherung.

2.4 Klassifikation der Umweltfaktoren

Umweltfaktoren beeinflussen die Entwicklungsmöglichkeiten eines Kindes erheblich. Diese Faktoren können sowohl als Förderfaktor bewertet werden und damit die Entwicklung positiv beeinflussen, wie zum Beispiel ein gut förderndes Elternhaus. Umweltfaktoren können aber auch als Barrieren identifiziert werden und damit die Entwicklung limitieren. Nicht immer können negative Umweltfaktoren verändert werden. Es ist aber wichtig, diese zu bemerken und gegebenenfalls zu benennen, damit klar wird, dass Einschränkungen, die ein Kind oder ein Mensch zeigt, nicht unbedingt in der Person selbst liegen müssen.

Umweltfaktoren werden immer aus der Sicht der Person kodiert, deren Situation beschrieben wird. Im Buch ICF-CY wird anschaulich beschrieben, dass „eine Bordsteinabsenkung ohne besonderen Belag z. B. für einen Rollstuhlbenutzer als Förderfaktor kodiert werden, für eine blinde Person jedoch eine Barriere darstellen kann, da sie dem Straßenrand nicht mehr folgen kann (ICF-CY, S. 205)“. Der Rollstuhlfahrer kann über die Bordsteinabsenkung leichter die Straße überqueren, die blinde Person verliert möglicherweise die Orientierung.

Wurde ein Förderfaktor oder eine Barriere identifiziert, so ist es wichtig, zu prüfen, in welchem Ausmaß der Faktor die Person beeinträchtigt oder unterstützt. Ist die Beeinträchtigung groß oder klein, kommt sie häufig oder selten vor, kann sie vermieden werden. In diesem Bereich stehen wir wahrscheinlich noch ganz am Anfang unserer Erfahrungen, da wir es bislang nicht gewohnt waren, diese Dinge genauer zu beleuchten. Wir müssen den Umgang damit üben und Erfahrungen sammeln. Darüber hinaus gibt es nur eine kleine Anzahl verfügbarer Instrumente, die sich mit der Identifizierung von Umweltressourcen oder -barrieren beschäftigen. Hier bleibt zu hoffen, dass sich auch die Forschung näher mit diesen Dingen beschäftigt, um die Auswirkungen von Umweltfaktoren auf Entwicklung, Gesundheit, Selbstständigkeit usw. zu erforschen.

Ein plakatives Beispiel für den Einfluss der Umwelt auf die kindliche Entwicklung wäre ein Kind mit massiver ADHS, welches in großen, unübersichtlichen Gruppen überfordert ist und seine negativen Verhaltensweisen dort voll zu Tage treten. In einer strukturierten, gut fördernden Gemeinschaft können diese zum Kind gehörenden Eigenschaften weitestgehend integriert und unterdrückt werden. In einer positiven Umwelt hätte das Kind also deutlich bessere Entwicklungschancen.

Die Umweltfaktoren werden in verschiedene Bereiche eingeteilt.

2.4.1 Produkte und Technologien

In diese Kategorie gehören einfach gesagt, alle Dinge, die man käuflich erwerben kann und die die Funktionsfähigkeit beeinträchtigter Menschen positiv unterstützen können. Dazu gehört adaptiertes Spielzeug, ein besonderes Fahrrad, besondere Lebensmittel, Hilfsmittel usw.

Der Bereich ist aufgeteilt in **Produkte und Substanzen für den persönlichen Verbrauch** (e110), wie Lebensmittel oder Medikamente.

Unter e120 finden wir Produkte und Technologien zur persönlichen Mobilität drinnen und draußen und zum Transport. Also Dinge, wie Rollstühle, Rollatoren, spezielle Fahrräder usw.

Produkte und Technologien zur Kommunikation (e125) beinhaltet alles, was an Hilfsprodukten zu Kommunikation zur Verfügung steht, wie Talker, elektronische Sprachausgabegeräte, spezielle Computersoftware oder auch optische oder akustische Geräte.

Unter **Produkte und Technologien für Bildung/Ausbildung** (e130) finden wir alle Dinge, die ein Mensch zur Unterstützung seiner Ausbildung benötigt, also Bücher, Handbücher, spezielles Spielzeug oder Computersoftware.

Das Ganze setzt sich fort für den Bereich der Erwerbstätigkeit, sowie Dinge für Kultur, Freizeit oder Sport, Religion, Zugänge zu öffentlichen oder privaten Gebäuden und den Umgang mit Vermögenswerten, wie z. B. eine Erbschaft.

Beispiele:

Karla hat Zöliakie und benötigt besondere Lebensmittel (e1100), die deutlich teurer sind. Ihre Familie gilt als einkommensschwach und kann diese Nahrungsmittel nur sehr schwer besorgen. Damit kann die Beschaffung der notwendigen Lebensmittel als Barriere bewertet werden.

Toni ist acht Jahre alt und ist bis heute noch nicht sicher im selbstständigen Toilettengang, er benötigt Tag und Nacht Windeln (e1150). Diese werden mit zunehmender Größe aber immer kostspieliger. Die Krankenkasse gewährt der Familie auf Rezept 1,5 Windeln pro Tag, die natürlich nicht ausreichen. Eine Folge davon ist, dass Toni häufiger mit sehr feuchten Windeln herumlaufen muss, was sich negativ auf seine Gesundheit auswirkt. Er ist häufig wund oder hat einen Pilz im Genitalbereich. Die Limitierung der Windelmenge kann als Barriere gewertet werden.

Tim, 12 Jahre, hat eine Spina bifida und ist auf seinen Rollstuhl (e1201) angewiesen. Er möchte nun auf ein Gymnasium wechseln, jedoch hat die örtliche Schule jede Menge Treppen und keine Rampen oder Fahrstühle im Angebot (e1500) und lehnt Tim deshalb ab.

Hans ist 14 Jahre alt und verliert aufgrund einer Erkrankung zunehmend an Sehfähigkeit. Um in der Schule teilhaben zu können, benötigt er ein spezielles Computerprogramm, welches die Schrift so stark vergrößert, dass Hans noch selbstständig lesen und schreiben kann. Zugrunde liegt eine funktionelle Schädigung: b2100: Die Sehschärfe (Visus) betreffende Funktionen und b2102: Qualität des Sehvermögens. Um die Teilhabe zu gewährleisten, wird ein Gerät benötigt, welches die Funktionsstörungen ausgleichen kann (d166: Lesen und d170: Schreiben).

2.4.2 Natürliche und vom Menschen veränderte Umwelt

In diese Kategorie gehört die unmittelbare Lebensumwelt des Menschen. Die Wohngegend, die Möglichkeiten zum Einkaufen, die Beschaffenheit von Straßen oder belastende Umweltfaktoren, wie Smog oder Feinstaub.

Es geht um die physikalische Geografie (e210) ebenso wie um die Bevölkerung (e215), die Flora und Fauna (e220) oder das Klima (e225).

Wir finden in diesem Bereich natürliche Ereignisse (e230), wie zum Beispiel zerstörte Infrastruktur nach Hochwasserkatastrophen, vom Menschen verursachte Ereignisse (e235), wie vielleicht eine Flucht bei Kriegszuständen. Wir finden Dinge, die durch Licht beeinflusst werden (e2400) oder Dinge, die mit zeitbezogenen Veränderungen (e245) in Zusammenhang stehen. Es geht um Geräusche (e250), Schwingungen (e255) oder Luftqualität (e260).

Beispiele:
Anton ist Rollstuhlfahrer und möchte sich gern selbstständig bewegen. Seine Eltern bewirtschaften eine Alm und die natürliche Umwelt erlaubt es Anton nicht, sich selbstständig mit dem Rollstuhl zu bewegen (e210), da die Wege zu steil und zu uneben sind.

Lea hat eine schwere Tierhaar- und Pollenallergie und lebt mit ihren Eltern auf einem Bauernhof. Zu bestimmten Jahreszeiten kann sie das Haus kaum verlassen, da sie starke Atemprobleme bekommt, bis hin zum Asthmaanfall (e260).

Alle Beispiele zeigen die Lebensumwelt selbst als Barriere für Entwicklungsbereiche. Sie sind unter Umständen nur schwer zu verändern, sollten aber (wertfrei) identifiziert und benannt werden.

2.4.3 Unterstützung und Beziehungen

In diesem Bereich geht es um die praktische Unterstützung von Personen durch andere Personen oder Tiere, ohne dass dabei zunächst deren Einstellung Berücksichtigung findet.

Hier wird sowohl der engste Familienkreis (e 310) in den Blick genommen als auch der erweiterte Familienkreis (e315), Freunde (e320) oder Bekannte, Nachbarn usw. (e325). Es geht um Autoritätspersonen (e330), Untergebene (e335) und persönliche Hilfs- und Pflegepersonen (e340). Weiter wird geschaut, wie der Umgang mit Fremden ist (e345), mit domestizierten Tieren (e350), mit Fachleuten der Gesundheitsberufe (e335) oder anderen Fachleuten.

Beispiele:
Max hat eine ICP mit einer starken Spastik. Die Familie lebt auf dem Land und hat kein eigenes Auto zur Verfügung. Es gibt keinen Physiotherapeuten in erreichbarer Nähe, sodass Max momentan keine notwendige Physiotherapie erhalten kann (e355).

Rahid ist blind und hatte lange Zeit einen Blindenhund an seiner Seite. Dieser ist nun gestorben und soll durch einen neuen Hund ersetzt werden. Mit dem neuen Hund kommt Rahid überhaupt nicht zurecht, wodurch er nicht mehr das Haus verlässt und sich zurückzieht (e350).

2.4.4 Einstellungen

Hier geht es um die individuellen Einstellungen auf allen Ebenen. Diese Einstellungen beeinflussen das Verhalten und das soziale Leben maßgeblich.

Es beginnt wieder im engsten und erweiterten Familienkreis, über Freunde, Bekannte, Autoritätspersonen oder Untergebene (e410 – e435).

Weiter geht es um die Einstellungen von persönlichen Hilfs- und Pflegepersonen, von Fremden, von Fachleuten der Gesundheitsberufe oder anderen Fachleuten (e440 – e455).

Auch der Bereich der gesellschaftlichen Einstellungen, der gesellschaftlichen Normen, Konventionen und Weltanschauungen findet hier Berücksichtigung (e460 und e465).

Beispiel:
Tina hat eine seltene genetische Erkrankung. Es gibt eine erfolgversprechende, aber kostspielige neue Therapieform. Der behandelnde Arzt verweigert die notwendigen Untersuchungen (e450).

Yasemin ist in einer Beziehung mit Stefan. Die Familie akzeptiert die Wahl ihres Freundes nicht und setzt sie stark unter Druck (e410).

Kevin zeigt deutliche Anzeichen von ADHS. Seine Lehrerin reagiert sehr empfindlich und macht ihn für alles verantwortlich, was in der Klasse vorfällt, auch wenn er gar nicht daran beteiligt war (e430).

Es ist wichtig, die Einstellungen der am System beteiligten Personen wertschätzend zu beschreiben. Wenn wir Einstellungen als Barriere identifizieren, die an der Teilhabeeinschränkung beteiligt ist, dann sollte diese benannt werden, damit sie ins Bewusstsein gerufen wird.

Beispiel:
Karl ist fünf Jahre alt und zeigt ein besonders herausforderndes Verhalten. In der Kita hält er sich an keine Regeln und reagiert bei Verboten oder Konsequenzen mit lautem Schreien und körperlicher Aggression gegenüber den Erzieher*innen oder anderen Kindern. Die Beobachtung des Eltern-Kind-Kontakts zeigt, dass die Eltern in der Abholsituation sehr laut und harsch reagieren, wenn Karl sich nicht so verhält, wie sie es möchten. Es gibt schnell Schreierei und sie zerren ihn am Arm zum Platz und halten ihn dort fest, während Karl laut weint und protestiert. Karls Verhalten in der Kita könnte also das Ergebnis der häuslichen Erfahrung im Umgang mit Konflikten darstellen. Dies wäre dann vielleicht, zumindest zu einem

Teil, ursächlich für Karls Verhalten in der Kita. Das Elternverhalten, bzw. die *Einstellung* im Erziehungsverhalten könnte als Umweltbarriere für Karls Entwicklung gesehen werden (e840: Individuelle Einstellungen der Mitglieder des engsten Familienkreises).

2.4.5 Dienste, Systeme und Handlungsgrundsätze

Dieser Bereich beschäftigt sich

- mit Diensten, die Bedürfnisse der Menschen zu decken versuchen. Diese Dienste können sowohl privat als auch auf öffentlicher, freiwilliger oder lokaler, kommunaler, regionaler, staatlicher und sogar internationaler Ebene sein,
- mit Systemen, die vor allem administrativ organisieren und steuern und
- mit Handlungsgrundsätzen, die Regeln, Vorschriften, Konventionen und Standards beinhalten.

Beispiele:
Manuel ist Rollstuhlfahrer und besucht die Universität. Um seine Abschlussarbeit zu schreiben, benötigt er dringend einen Zugang zur Bibliothek der Universität. Diese hat jedoch einige Treppen, die überwunden werden müssen und die Stadtplaner weigern sich, einen barrierefreien Zugang zu schaffen, da das Gebäude denkmalgeschützt ist (e515: Dienste, Systeme und Handlungsgrundsätze des Architektur- und Bauwesens).

Manuel wohnte ursprünglich auf dem Land bei seinen Eltern und wäre auch gern dort wohnen geblieben. Jedoch gibt es in seiner Ortschaft keinen ausreichenden Anschluss an das öffentliche Nahverkehrssystem, so dass er nicht rechtzeitig zu seinen Vorlesungen hätte kommen können. Die einzig verfügbaren Busse waren nicht rollstuhlgeeignet (e5402: Handlungsgrundsätze des Transportwesens).

Manuel hatte großes Interesse daran, am Rollstuhlsportangebot der Universität teilzunehmen. Dazu hätte er allerdings einen besonderen Rollstuhl benötigt, den seine Krankenkasse nicht genehmigte (e5802: Handlungsgrundsätze des Gesundheitswesens).

Zusammenfassend wird der komplexe Bereich der Teilhabe nochmal in einem Schaubild und einer Tabelle dargestellt:

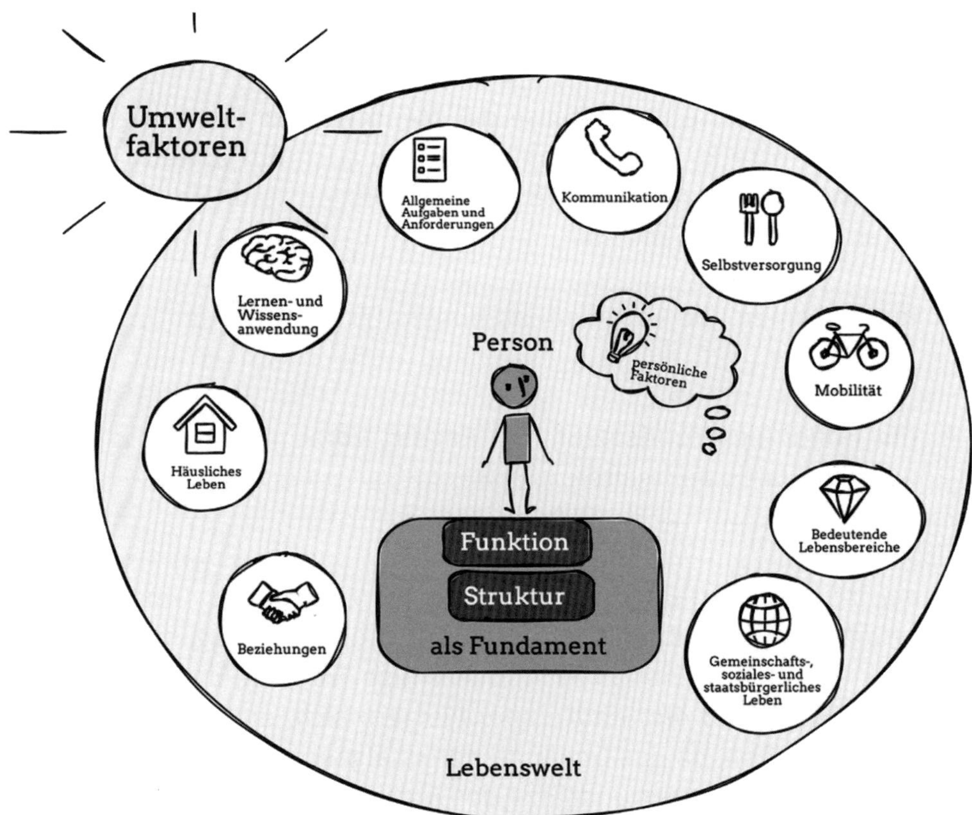

Abbildung 4: Schaubild der die Teilhabe beeinflussenden Faktoren und Lebensbereiche einer Person

Lebensbereich	Befasst sich mit …	Mögliche Aktivität (Beispiele)
1. Lernen und Wissensanwendung	Lernen, Anwendung des Erlernten, Denken, Probleme lösen, Entscheidungen treffen	▪ Zuhören ▪ Hinsehen ▪ Sprache erwerben ▪ Schreiben lernen ▪ Fertigkeiten aneignen ▪ Aufmerksamkeit
2. Allgemeine Aufgaben und Anforderungen	Ausführung von Einzel- oder Mehrfachaufgaben, Organisation von Routinen, Umgang mit Stress	▪ mehrere Spielzeuge beim Symbolspiel nutzen ▪ die Morgenroutine durchführen ▪ pünktlich zur Schule kommen ▪ einen Vortrag vor der Klasse halten ▪ im Streit keinen Wutanfall bekommen
Kommunikation	spezifischen Merkmalen der Kommunikation mittels Sprache, Zeichen oder Symbolen, einschließlich des Verstehens und Produzieren von Mitteilungen, sowie der Konversation	▪ auf eine Stimme reagieren ▪ Gesten oder Gebärden verstehen ▪ Singen ▪ Körpersprache anwenden ▪ sich unterhalten

Lebensbereich	Befasst sich mit …	Mögliche Aktivität (Beispiele)
4. Mobilität	eigenen Bewegungen, der Bewegung von Gegenständen, der Fortbewegung und dem Gebrauch von Transportmitteln	▪ sich hinlegen ▪ aufstehen ▪ ein Messer benutzen ▪ sich im Freien fortbewegen Fahrrad fahren
5. Selbstversorgung	der eigenen Versorgung (Waschen, Körperpflege, An- und Ausziehen, Essen, Trinken, der Gesundheitssorge)	▪ sich waschen ▪ die Hose anziehen ▪ ausreichend trinken ▪ Medikamente einnehmen
6. Häusliches Leben	der Ausführung von häuslichen und alltäglichen Handlungen und Aufgaben: Wohnraumbeschaffung, Beschaffung von Lebensmitteln, Kleidung etc. Reinigungs- und Reparaturarbeiten im Haushalt, Pflege der Haushaltsgegenstände, Hilfe für andere	▪ eine Wohnung mieten ▪ einkaufen ▪ Mahlzeiten vorbereiten ▪ Müll rausbringen ▪ die Küche aufräumen ▪ das Baby füttern
7. Interpersonelle Interaktionen und Beziehungen	der Ausführung von Handlungen und Aufgaben, die für die angemessene Interaktion mit Menschen (Fremde, Freunde, Verwandte, Partner) erforderlich sind	▪ mit anderen respektvoll umgehen ▪ Körperkontakt angemessen gestalten ▪ mit dem Lehrer angemessen sprechen ▪ Konflikte mit dem Bruder angemessen austragen

Lebensbereich	Befasst sich mit ...	Mögliche Aktivität (Beispiele)
8. Bedeutende Lebensbereiche	der Ausführung von Aufgaben oder Handlungen, die für die Beteiligung an Erziehung/Bildung, Arbeit und Beschäftigung notwendig sind, sowie für die Durchführung wirtschaftlicher Transaktionen	in der Kita verbleiben für eine Prüfung lernen eine Überweisung tätigen sich allein mit Spielen beschäftigen gemeinsam mit anderen spielen
9. Gemeinschafts-, soziales und staatsbürgerliches Leben	mit Aufgaben und Handlungen, die für die Beteiligung am organisierten sozialen Leben, außerhalb der Familie erforderlich sind	Teilnahme am Sportverein in die Kirche gehen wählen gehen

Die Person, die sich in diesen Lebensbereichen bewegen und aktiv handeln möchte	
Funktionelle Voraussetzungen: z. B. ausreichende Sehfähigkeit	**Strukturelle Voraussetzungen:** z. B. die Amputation des rechten Armes
Umweltfaktoren: z. B. Gibt es Rampen für Rollstuhlfahrer*innen? Werden Menschen diskriminiert? Gibt es eine passende Schule? Kümmert sich die Familie ausreichend?	**Persönliche Faktoren:** z. B. Motivation, Einstellung zu Gesundheit, finanzieller Hintergrund ...

Tabelle 1: Kurzfassung der neun Lebensbereiche und dem Einfluss von Umwelt- und persönlichen Faktoren auf Aktivität und Teilhabe

3. Mittendrin, statt nur dabei – Was ist denn eigentlich Teilhabe?

Die WHO (2011, S. 16) definiert Teilhabe als „Einbezogensein in eine Lebenssituation“. Dies ist im Grundsatz richtig, doch wahrscheinlich nicht ausreichend, denn es gibt keine Aussage dazu, was das Einbezogensein ausmacht. Pretis, Kopp-Sixt und Mechtl (2019) schlagen deshalb vor, diese Definition zu erweitern und formulieren:

„Teilhabe ist all das, was Kinder mit Entwicklungsschwierigkeiten in relevanten Lebenszusammenhängen tun können, was auch andere Kinder und Jugendliche ohne Gesundheitsprobleme im Regelfall tun.“

Offensichtlich erleben sich Kinder und Jugendliche dann als an der Gesellschaft teilhabend, wenn sie sich als Mitgestalter wahrnehmen können. Wenn sie also aktiv etwas verändern oder erleben können und nicht nur passiv teilnehmen (vgl. Ulseß-Schurda, 2020).

Es ist per Definition ein Unterschied, ob ich an etwas teilnehme oder tatsächlich teilhabe. Die **Teilnahme an etwas** ist einer Aktivität gleichzusetzen. Das bedeutet, ich tue etwas, was mir bestenfalls Spaß macht oder wichtig ist. Die dahinterstehende Teilhabe kann als das „Warum“ betrachtet werden. Warum möchte ich etwas tun? Was ist es, was mir daran wichtig ist?

Ein Beispiel:
Sina, 15 Jahre alt, geht regelmäßig zum Training ihrer Tanzgruppe. Das Tanzen ist die notwendige Aktivität. Sie tut dies, um sich einer Gruppe Gleichaltriger zugehörig zu fühlen (Teilhabe).

Kinder, Jugendliche und auch Erwachsene können durchaus an Aktivitäten teilnehmen, die für sie selbst bedeutungslos sind. Diese Teilnahme stellt dann nicht unbedingt eine Teilhabe dar. Um von Teilhabe zu sprechen, muss es bedeutungsvoll sein. Wobei diese Bedeutung nicht immer intrinsisch motiviert sein muss. So kann ein Schulbesuch wichtige Teilhabe an der Bildungswelt und soziales Miteinander bedeuten und trotzdem für das

Kind nicht unbedingt bedeutsam sein. Bestenfalls erfüllt die Teilhabe beide Bedingungen: die intrinsisch motivierte Bedeutung und die gesetzten Rahmenbedingungen für Entwicklung.

Wenn wir die Teilhabe aus der Zielperspektive betrachten, so ist es wichtig, dies auch korrekt, nämlich in einem Finalsatz zu formulieren:

Es soll eine Veränderung bewirkt werden, „damit", „sodass" oder „um zu"...

Hier muss klar werden, zu welchem Zweck etwas verändert werden soll, und dieser Zweck sollte sinnhaft und bedeutungsvoll für den zu beschreibenden Menschen sein.

Für medizinisch-therapeutische Berufsgruppen bedeutet dies einen gewissen Paradigmenwechsel. Es geht nicht mehr allein um die Beseitigung von Symptomen oder Störungen, sondern um die Beteiligung zum Erreichen von individuellen Teilhabezielen. Dies bedeutet gleichzeitig, eine Vielzahl an Möglichkeiten, **wie** ein Ziel erreicht werden kann. Der dahin eingeschlagene Weg muss nicht der klassische sein und entspricht vielleicht nicht der Lehrbuchvariante von Entwicklung. Klient*innen oder deren Eltern sind evtl. ganz andere Dinge wichtig und der Fokus in ihrer Lebenswelt liegt anders, als der von Fachleuten. Hier gilt es, sich gegenseitig sensibel zuzuhören und gangbare Wege zu finden.

Um Teilhabe zu gewährleisten, muss die Klient*in in der Lage sein, unterschiedliche Aktivitäten auszuführen, die Teilhabe formen und sicherstellen. Umgangssprachlich werden die Begriffe Teilhabe und Aktivität manchmal synonym benutzt. Teilhabe wird jedoch erst durch Aktivitäten möglich. Die einzelnen Aktivitäten sind der Ansatz für die Teilhabeunterstützung, bzw. die Maßnahmen, die durchgeführt werden, um Teilhabe zu gewährleisten. Zum Beispiel beübt der Logopäde den Lippenschluss und das gleichmäßige Pusten, wenn das Kind gerne in einer Gruppe Blockflöte spielen möchte. Nur wenn ich etwas tue, kann ich auch ein Gefühl von Teilhabe entwickeln. **Teilhabe ist also eher das Gefühl**, welches ich entwickeln kann, wenn ich einzelne Handlungen absolviere und aktiv bin.

Um Teilhabe pädagogisch oder therapeutisch zu unterstützen, werden gemeinsame Teilhabeziele besprochen und diese müssen mit Aktivitäten gefüllt werden. Um diese Aktivitäten zu unterstützen, können wiederum Einzelziele in den jeweiligen pädagogischen oder therapeutischen Fachrichtungen festgelegt werden. So entstehen hierarchisch unterschiedliche Maßnahmen, die Aktivitäten möglich machen und das große Teilhabeziel unterstützen.

3.1 SMART ist clever

Damit Ziele besser beschrieben werden können und vor allem der Erfolg kontrollierbarer wird, werden diese SMART beschrieben. SMART steht als Akronym für eine Reihe von Merkmalen:

S: spezifisch oder detailliert

M: messbar

A: bestenfalls attraktiv, zumindest aktivierend oder wenigstens akzeptabel

R: realistisch

T: terminiert

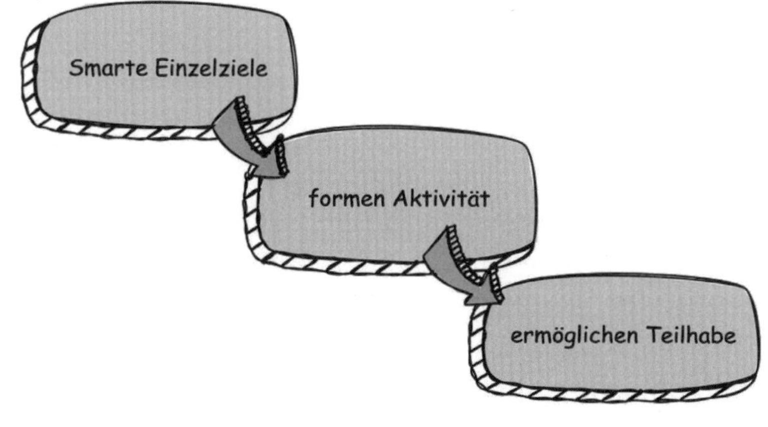

Abbildung 5: Der Wert SMART formulierter Ziele

Je **spezifischer oder detaillierter** ein Ziel beschrieben wird, desto leichter kann es umgesetzt werden, da sich automatisch genauere Maßnahmen anschließen, bzw. klarer wird, welche Maßnahmen überhaupt Sinn machen können.

Ist ein Ziel **messbar**, kann ich erkennen, wann ich es erreicht habe bzw. wie viel mir noch zur Erreichung fehlt.

Nur wenn ein Ziel **attraktiv** genug ist, wird die Person motiviert sein, es aus eigener Kraft zu erreichen. Gerade in der kindlichen Entwicklung wird nicht jedes notwendige Ziel immer auch attraktiv sein. Dann sollte versucht werden, es wenigstens **aktivierend** zu gestalten, also mit einer Aktivität zu füllen, die Spaß macht. Und ist auch das nicht möglich, so sollte es wenigstens **akzeptabel** sein, also nicht zu einer Abwehrhaltung führen.

Ob ein Ziel **realistisch** ist, muss in der Regel von Eltern oder Fachleuten eingeschätzt werden.

Der letzte wichtige Punkt ist die **Terminierung** des Ziels. Man versucht abzuschätzen, in welchem Zeitraum ein Ziel zu erreichen ist und wird dann die Überprüfung vornehmen. Nichts ist unbefriedigender als ein gestecktes Ziel, welches man bis in alle Ewigkeit mit sich herumträgt.

Wir erinnern uns an Fridolin. Ein Negativbeispiel für ein nicht-smart formuliertes Ziel wäre: *„Fridolin soll im Laufen sicherer werden.“*

Dieses Ziel ist selbstverständlich nicht falsch, aber es ist viel zu groß und ungenau.

Es ist nicht spezifisch: Was bedeutet „im Laufen sicherer werden“? Soll er allein laufen, oder am Rollator? In welchen Umgebungen? Wann? Warum?

Es ist nicht messbar: Welche Strecke soll Fridolin zurücklegen, damit wir das Ziel als erreicht einstufen können? Wie lange soll er laufen?

Ist es attraktiv? Aus dieser Formulierung heraus können wir nicht erkennen, was das motivierende Element für Fridolin darstellen könnte. Reicht es ihm, nur sicherer zu laufen? Oder gibt es etwas anderes, was ihn tatsächlich motiviert?

Ist es realistisch? Da wir nicht spezifiziert haben, was „im Laufen sicherer werden", bedeutet, können wir auch nicht einschätzen, ob es realistisch ist. Sind wir mit drei einigermaßen sicheren Schritten zufrieden, oder ist das Ziel erst erreicht, wenn Fridolin selbstständig ein unebenes Gelände durchqueren kann?

Es ist nicht terminiert: Wir haben keine Informationen dazu, wie lange Fridolin Zeit hat, um das Ziel zu erreichen. So etwas könnte ein Lebensziel sein, da aufgrund der Diagnose eine lebenslange Unterstützung nötig sein wird. Ein so großes Ziel hätte aber zur Folge, dass es eigentlich nie erreicht werden kann und Fridolin seinem Ziel hinterherlaufen muss, wie der Esel hinter der Karotte. Dies wird nicht dauerhaft durchzuhalten sein und irgendwann wird die Motivation dranzubleiben verlorengehen.

Ein vielleicht besseres Beispiel für ein SMARTes Ziel für Fridolin:

Hierbei handelt es sich um ein Alltagsziel, welches von Fridolin selbst formuliert und mit seinen Eltern abgestimmt wurde:

Fridolin bewältigt in den nächsten 3 Monaten eine Strecke von 10 Metern mit dem Rollator im Kindergarten selbstständig, um in der Küche der Kita nachzufragen, was es heute zu essen gibt.

Das Ganze ist:
spezifisch: eine bestimmte Strecke, selbstständig, in der Kita
messbar: 10 Meter
attraktiv: Fridolin hat es selbst gewählt, er liebt es, nach dem Essen zu fragen
realistisch: es wurde von uns als erreichbar eingeschätzt
terminiert: in den nächsten 3 Monaten

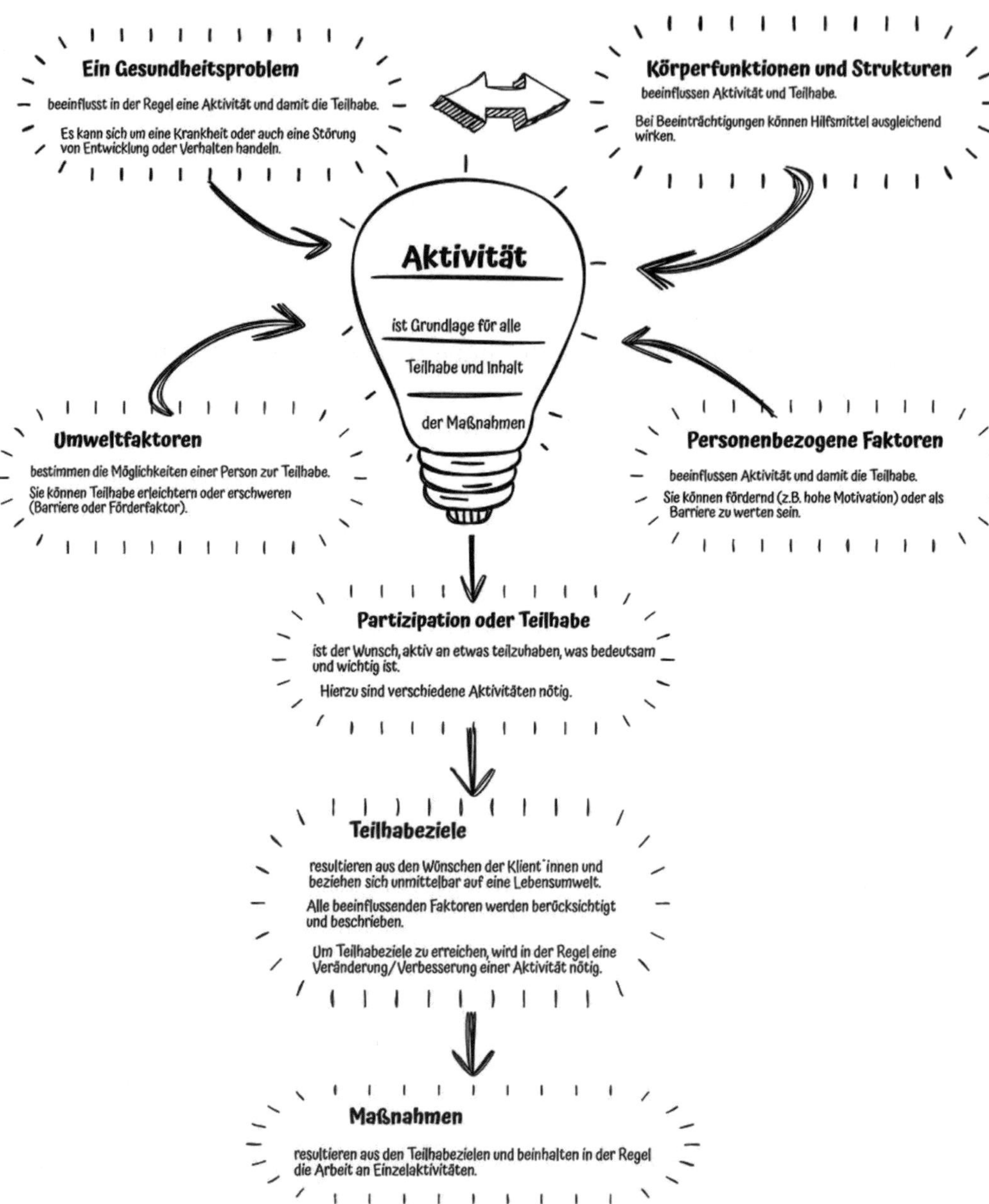

Abbildung 6: WHO-Grafik erweitert mit eigenen Ergänzungen.

Therapeutisch steckt in diesem Ziel sehr viel mehr. Es beinhaltet zum Beispiel eine gut geschulte inter- und intramuskuläre Koordination, ein geschultes Gleichgewicht oder auch ausreichend vorhandene Kraft. Diese Details sind zum Beispiel für die Arbeit einer Physiotherapeutin wichtig, werden wahrscheinlich aber weder Fridolin noch seine Eltern wirklich interessieren, geschweige denn motivieren. Wichtig ist, dass Fridolin tatsächlich im Laufen sicherer wird, wie bereits im Negativbeispiel beschrieben. In unserem Beispiel wird aber klar, dass es Fridolins eigene Motivation ist, dass genau beschrieben ist, was erwartet wird und dass ein Zielzeitraum definiert wurde, zu dem das Ziel überprüft werden und eventuell angepasst oder erweitert werden muss.

Das folgende Schaubild auf der Grundlage der WHO, erweitert durch eigene Ergänzungen, soll noch einmal deutlich machen, in welchem Zusammenhang das beschriebene Gesundheitsproblem mit den Aktivitäten, der Teilhabe, der Umwelt, den Teilhabezielen und den daraus resultierenden Interventionen steht.

Das beschriebene Gesundheitsproblem hat möglicherweise spezifische strukturelle oder funktionelle Merkmale, wie in Fridolins Beispiel die spastische Muskulatur der Beine. Es beeinflusst gleichzeitig die Aktivitäten und damit die Teilhabemöglichkeiten der Person. Einen weiteren Einfluss können Faktoren der Umwelt, aber auch personenbezogene Faktoren, wie z. B. eine besonders hohe oder niedrige Motivation haben. All diese Einflussfaktoren und besonders die Wünsche der Person formen das oder die Teilhabeziele, die aktuell verfolgt werden wollen. Aus diesen beschriebenen Teilhabezielen und dem Wissen um alle limitierenden oder fördernden Faktoren und Bedingungen werden dann die einzelnen Interventionen der an der Förderung beteiligten Parteien abgeleitet.

Der neue Blickwinkel darauf, wie Interventionen geplant und hierarchisiert werden, könnte durchaus als eine Art Dilemma betrachtet werden. Vom Berufsverständnis her gibt es sowohl im pädagogischen als auch im therapeutischen Bereich das Selbstverständnis, Defizite oder Symptome so weit wie möglich zu reduzieren, um z. B. Schmerzen oder Bewegungseinschränkungen zu vermeiden. Vor dem Hintergrund der ICF steht das aber nicht mehr zwangsläufig im Mittelpunkt. Personen können sich dafür entscheiden, bewusst Verschlechterungen, Schmerzen oder Weiteres in Kauf zu nehmen, um andere Teilhabebereiche zu stärken. Erinnern wir uns an die Tierhaarallergikerin, die auf einem Bauernhof lebt und zu einer gewissen Zeit im Jahr hier nur unter großen gesundheitlichen Beschwerden leben kann.

Ein weiteres Beispiel:
Björn ist 15 Jahre alt und hat eine ICP mit einer Tetraspastik. Er ist auf den Rollstuhl angewiesen, besucht die neunte Klasse eines regionalen Gymnasiums und ist ein gut integrierter Schüler. Aufgrund der sich verschlechternden Hüftsituation raten die Ärzte zu einer großen Operation. Dies würde einen wochenlangen Schulausfall bedeuten und wahrscheinlich die Notwendigkeit einer Klassenwiederholung nach sich ziehen. Dies wiederum würde Björn aus seinem Klassenverband reißen, was er nicht möchte. Die Familie entscheidet sich deshalb gegen die OP und nimmt damit größer werdende Probleme in Kauf. Sie priorisieren momentan den Wunsch Björns, im Klassenverband zu verbleiben und sich zunächst auf seine Schullaufbahn zu konzentrieren.

Funktionell betrachtet ist der Wunsch der Familie nicht unterstützenswert, da sowohl Erfahrungen als auch statistische Daten vorhersagen können, dass die medizinische Situation Björns nicht besser wird. Vor dem Hintergrund der Teilhabeziele ist es jedoch ein nachvollziehbarer Wunsch, dass Björn momentan ein besonderes Bedürfnis hat, in seiner Peer-Group zu verbleiben. In solchen Situationen ist es sinnvoll, mit allen Beteiligten im Gespräch zu bleiben, aufzuklären und Kompromisse zu finden. Vielleicht lässt sich der Aufschub der OP durch eine höherfrequente Physiotherapie oder konsequenteres Eigentraining kompensieren.

Ein anderes Beispiel:
Tom ist fünf Jahre alt und hat die Verdachtsdiagnose Autismusspektrumsstörung. Er liebt es, seinen Kreisel zu drehen, und kann sich über diese stereotype Tätigkeit entspannen. An manchen Tagen macht er kaum etwas anderes und lässt keine anderen Personen dazu. Stört man ihn in dieser Tätigkeit, fängt er laut an zu schreien.

Pädagogisch wäre hier die Frage zu stellen, ob man die Stereotypie unterbricht, um Alternativen im Spiel mit anderen anzubieten, oder man ihn gewähren lässt, weil es ihn entspannt. Auch hier wird es keine eindeutige

Antwort geben. Man wird nach Kompromissen suchen, um Förderung zu gewährleisten und Überforderung zu vermeiden.

Das Stichwort an dieser Stelle ist **Ressourcenorientierung**. Wir schauen uns an, was eine Person besonders gut kann und zu was sie motiviert ist. Diese Tätigkeiten sind häufig der Eisbrecher und schützen zunächst vor Überforderung. Es bedeutet im Einzelfall aber auch, Defizite erstmal zuzulassen, bis Alternativen gefunden, erlernt oder erprobt wurden. Gleichzeitig sollten aber alle Entwicklungschancen im Blick behalten und eine Förderung in diese Richtung immer wieder ausprobiert werden.

Das Beispiel von Tom zeigt auch, inwieweit personenbezogene Faktoren die Spielzeug oder Spielauswahl beeinflussen können. Ein Zugang über die jeweiligen Spielthemen der Kinder erleichtert die Maßnahmenplanung sehr. Auch für Fridolin war es sehr motivierend, sein Lauftraining über die Begeisterung des Besuchs in der Küche zu steuern.

3.2 An der Umwelt teilhaben – oder was die Umwelt mit uns macht

Eine der ersten Fragen, die sich Fachleute bei der Beschreibung von Teilhabe stellen sollten, ist:

„Inwieweit beeinträchtigt die jeweilige Umwelt die Teilhabe der Person?"

Manchmal liegt die Ursache von Schwierigkeiten nicht in der Person selbst, sondern sie entsteht durch eine Reihe von Wechselwirkungen. Sind diese Dinge erst einmal identifiziert, so können sehr viel leichter Lösungen gefunden oder Hilfen installiert werden. Deshalb lohnt sich der genaue Blick auf die Umwelt.

Ein Beispiel:
Max geht in eine Kita und fällt dort täglich durch sein herausforderndes Verhalten auf. Er ist wild, schreit viel und schlägt andere Kinder. Max hat große Probleme, sich verbal zu verständigen und unübersichtliche Situa-

tionen zu überblicken. Deshalb fühlt er sich schnell bedroht und greift an. Die Erzieherinnen erwarten, dass Max sich an die Regeln hält, und drohen mit Ausschluss.

Welchen Einfluss hat die Umwelt „Kita“ auf Max Verhalten?

Wenn wir uns die Umweltfaktoren genauer anschauen, dann müssen wir die unterschiedlichen Bereiche in den Blick nehmen:

e1: Produkte und Technologien
Hier geht es, wie beschrieben, um Produkte oder Technologien, die ausgleichend wirken können. Bezogen auf das oben genannte Beispiel könnte es sich hier um alternatives Spielzeug handeln. Die Erzieher*innen könnten versuchen, besonderes Spielzeug zu finden, welches Max helfen könnte, den Alltag besser auszuhalten oder sich abzulenken. Denkbar wären auch zum Beispiel Technologien zur Kommunikationsunterstützung, damit Max die Chance erhält, sich besser zu verständigen, und lernt, drohenden Konflikten verbal zu begegnen.

e2: Umgebungsbedingungen
Unter diesem Punkt werden die spezifischen Umgebungsbedingungen in den Blick genommen. Diese können sich für einzelne Situationen jeweils unterschiedlich darstellen und müssen jeweils neu betrachtet und bewertet werden.

Für das Beispiel „Max“ ist die Gruppengröße mit den unübersichtlichen Situationen schwierig. Diese Umgebungsbedingung ist als teilhabeeinschränkend zu bewerten. Förderlich könnte eine Einrichtung mit einer kleineren Gruppengröße sein.

e3: Unterstützung durch Bezugspersonen
In diesem Bereich finden wir alle Themen, die mit begleitenden Menschen zu tun haben. Sowohl im familiären als auch im erweiterten Bereich. Es wird geprüft und bewertet, inwieweit beteiligte Personen förderlich oder auch hemmend zu bewerten sind und ob die Installation einer zusätzlichen Unterstützung als sinnvoll eingeschätzt werden könnte.

In unserem Beispiel könnte eine unterstützende Einzelintegrationskraft Max im Alltag entlasten. Diese Person könnte unübersichtliche Situationen moderieren und in der Kommunikation unterstützen. Max könnte im Verhalten reguliert und begleitet werden. Damit könnte eventuell auch ein Wechsel in eine Kita mit einer kleineren Gruppengröße vermieden werden.

e4: Einstellung wichtiger Bezugspersonen
Unter diesem Punkt werden alle Arten von fördernden oder hemmenden Einstellungen aller beteiligten Bezugspersonen betrachtet. Dies sind im weitesten Sinne auch Vorurteile gesellschaftlicher Art. Wichtig ist es zu beachten, dass es hier nicht um das Anprangern oder zur Schau stellen einzelner Personen geht. Es geht lediglich um die neutrale Betrachtung der Gesamtsituation und Identifizierung aller am Problem beteiligten Einzelheiten. Gibt es konfliktträchtige Beobachtungen, die eine Teilhabe tatsächlich beeinträchtigen, so können diese respektvoll in die Dokumentation einfließen.

Für Max könnte die Einstellung der beteiligten Erzieher*innen als schwierig zu bewerten sein. Sie sind wahrscheinlich im turbulenten Gruppenalltag mit all den anderen Kindern situativ überfordert und haben wenig Handlungsspielraum, um Max ausreichend gut zu integrieren. Eine Lösung könnte eine Schulung oder Weiterbildung der beteiligten Erzieherinnen sein, um ihnen mehr Handlungskompetenz zu geben.

e5: Vorhandensein von Diensten
In diesem Bereich werden alle Dienste beleuchtet, die eine Person in der Teilhabe unterstützen könnten. Dies können therapeutische, wie auch reglementierende oder strukturierende Dienste sein.

Für Max könnte hier ein Angebot im therapeutischen Kontext in Betracht gezogen werden. Diagnoseabhängig wären Angeboten im verhaltenstherapeutischen oder heilpädagogischen Bereich denkbar oder auch die Unterstützung durch autismusspezifische Angebote.

3.3 Teilhabe und Körperstrukturen

Körperstrukturen sind die unbedingte Voraussetzung für eine Teilhabe. Es handelt sich um die anatomischen Merkmale eines Menschen, also tatsächliche körperliche Bedingungen, wie zum Beispiel fehlende Körperteile. Diese Informationen kommen eher aus den ärztlichen Expertisen und bedürfen einer Diagnose. Eine Teilhabe ohne Körper(-strukturen) ist nicht denkbar. Zur Kompensation kommen hier meist materielle Hilfsmittel, wie Prothesen, Rollstühle, Sehhilfen etc. zum Einsatz.

An dieser Stelle wird es Sinn machen, weitere Berufsgruppen, wie Orthopädietechniker, einzuschalten, die mit ihrer fachlichen Expertise die Ideen zur Teilhabeunterstützung ergänzen können.

3.4 Teilhabe und Körperfunktionen

Vor dem Hintergrund der Teilhabe treten funktionelle Aspekte immer wieder eher in den Hintergrund. Durch Individualität und Heterogenität wird die Teilhabe so gestaltet, wie sie der einzelnen Person möglich ist, bzw. möglich werden kann.

Gleichzeitig bedeutet die Arbeit an Teilhabemöglichkeiten nicht, funktionelle Aspekte zu vernachlässigen. Funktionelle Arbeit betrifft eher die Arbeit im medizinisch-therapeutischen Bereich. Dieser Bereich bedeutet oft die Arbeit an methodischen Teilschritten, die hinter dem eigentlichen Teilhabe- oder Handlungsziel zurücktreten und trotzdem einen Beitrag zu deren Erreichung leisten.

Ein Beispiel aus dem physiotherapeutischen Sektor: Ein Kind mit einer spastischen Bewegungsstörung kann besser stehen und laufen, wenn die Wadenmuskulatur gut gedehnt und flexibel ist. Dieser funktionelle Teilschritt ist ein wesentlicher Bestandteil, um die Teilhabe „Stehen und Laufen" zu verbessern, wird aber vom Kind selbst und dessen Umwelt vermutlich nie so formuliert werden. Der wichtige Teilhabeaspekt ist, die Bewegungsmöglichkeiten zu erweitern, damit das Kind sich allein oder mit anderen gemeinsam bewegen kann. Eine physiotherapeutische Unterstützung kann also die funktionellen Voraussetzungen für Teilhabe wesentlich verbessern.

Körperfunktionen repräsentieren einen funktionierenden Körper und stellen damit die physiologische Basis für Bewegung und Teilhabe dar. Die meisten zugehörigen Bereiche sind gut untersucht und beforscht (Evidenzlage) und können deshalb auch ausreichend gut operationalisiert werden. Damit wird in diesem Bereich eine Evaluation meist recht gut möglich sein. Der Erfolg oder Misserfolg einer Maßnahme kann erfasst und bewertet werden. Auch prognostisch gibt es Möglichkeiten, die Erfolgsaussichten einer Maßnahme abzuschätzen. Das kann die Genehmigung und Finanzierung solcher Maßnahmen erleichtern.

Für die Arbeit im medizinisch-therapeutischen Setting macht der Perspektivwechsel den Charme aus. Alle therapeutisch relevanten SMARTen Teilziele lassen sich im großen Teilhabeziel unterbringen, bzw. können dies unterstützen. Der Vorteil ist die stärker klient*innenzentrierte Sicht auf die Dinge: Die Motivation eines Kindes dafür, mit den anderen Kindern auf dem Schulhof zu rennen und Fangen zu spielen, ist höher als die, einen „gut gedehnten Wadenmuskel“ zu haben.

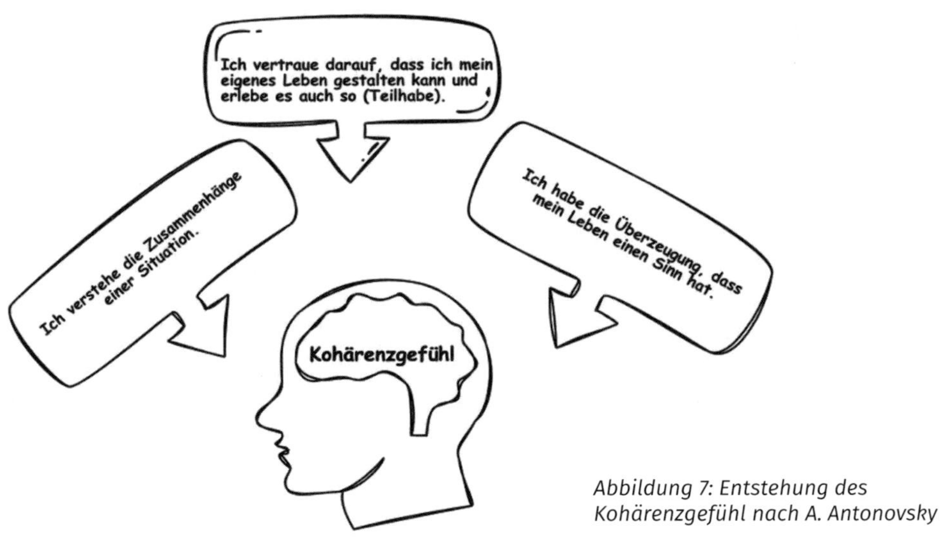

Abbildung 7: Entstehung des Kohärenzgefühl nach A. Antonovsky

Kohärenzgefühl ist das Stichwort. Eine Situation, die verstehbar ist und sich beherrschbar anfühlt, stößt auf größere Akzeptanz und trägt dazu bei, sich gesund und kompetent zu fühlen. Das Kohärenzgefühl setzt sich aus drei Komponenten zusammen:

- ich habe das Gefühl, dass ich die Zusammenhänge einer Situation verstehen kann,
- ich vertraue darauf, dass ich mein eigenes Leben gestalten kann, und erlebe es auch so (Teilhabe) und
- ich habe die Überzeugung, dass mein Leben einen Sinn hat (vgl. Antonovsky, 1923-1994).

Das Kohärenzgefühl ist ein wesentlicher Bestandteil in der Salutogenese. Dieses Modell stammt ebenfalls von Aaron Antonovsky und versucht zu erklären, wie Gesundheit entstehen kann, bzw. welche Voraussetzungen gegeben sein müssen, um gesund zu bleiben. Es enthält auf der einen Seite die medizinisch-biologischen Voraussetzungen, auf der anderen Seite aber auch die psychischen und kognitiven Strukturen, die dazu notwendig sind. Teilhabemöglichkeiten sind ein unabdingbarer Teil, um sich selbstwirksam und handlungsfähig zu erleben. Damit wird ein Gefühl des Ausgeliefertseins vermieden, der Mensch kann sein Leben aktiv gestalten und hat so eine größere Chance, physisch und psychisch gesund zu bleiben.

Deshalb ist es unabdingbar, Kinder so früh wie möglich in die Gestaltung ihrer eigenen Ziele einzubeziehen. Dies gilt für alle Kinder, aber für Kinder mit Beeinträchtigungen in besonderem Maße. Diese Kinder sind möglicherweise lebenslang auf Unterstützung von außen angewiesen und damit immer auch fremdbestimmt. Umso wichtiger ist es, diese Situationen zumindest verstehen zu können (Punkt 1 der Salutogenese), eine Chance zu haben, die Situationen zumindest mitzugestalten (Punkt 2) und alles in einen persönlich sinnvollen Lebenskontext zu verorten (Punkt 3).

3.5 Multiperspektivisches Denken

Eine Grundidee der ICF ist das Mitdenken und Einbezogensein aller am Kind beteiligten Parteien. Einen großen Vorteil bieten die unterschiedlichen Blickwinkel, die es ermöglichen, auch Aspekte oder Möglichkeiten zu berücksichtigen, die man ansonsten eventuell vernachlässigt oder gar nicht bemerkt hätte. Das „Andere" zu bedenken und sich damit außerhalb seiner professionellen Komfortzone zu bewegen ist neu und manchmal ungewohnt, bietet aber weitere Möglichkeiten, um gemeinsam Teilhabeziele zu finden und umzusetzen.

Der Prozess benötigt Zeit und auf jeden Fall mehr gemeinsame Absprachen. Dies wird oft zunächst als zusätzlicher Zeitfresser wahrgenommen. In Einrichtungen, die auf diese Weise miteinander arbeiten, wird allerdings berichtet, dass der zunächst wahrgenommene zeitliche Mehraufwand sehr schnell als arbeitserleichternd empfunden wird (vgl. Fischer, 2014). Voraussetzung ist, dass die Gespräche gut vorbereitet und organisiert werden und dass es vielleicht eine Art Fallkoordinator*in geben sollte, bei der*dem alle Fragen zusammenlaufen und gebündelt werden. Hier kann es sinnvoll sein, wenn sich die Einrichtung ein gemeinsames System überlegt, gemeinsame Dokumentationen entwirft und abspricht, was in der Umsetzung als sinnvoll erscheint. Möglicherweise kann hier auch eine prozessbegleitende, professionelle Unterstützung hilfreich sein.

Um gemeinsame Gespräche in einem zeitlich angemessenen Rahmen und zielorientiert durchzuführen, sollten im Vorfeld einige Dinge überlegt sein. Dieser Rahmen mag etwas starr und streng wirken, die gute Struktur einer Besprechung sorgt aber dafür, dass alle zu Wort kommen und Termine nicht unnötig in die Länge gezogen werden.

1. Hilfreich kann die Ernennung **eines Fallkoordinators/einer Fallkoordinatorin** sein. Bei dieser Person laufen alle Fäden zusammen. Sie hat den Überblick über vorliegende Dokumente, einzuladende Personen, Terminfindung und ist Ansprechpartner*in bei anfallenden Problemen.

2. **Wer** nimmt teil?

Wahrscheinlich ist es weder nötig noch möglich, dass tatsächlich alle am Fall beteiligten Personen anwesend sind. Manchmal ist es ausreichend, wenn vorab eine gute schriftliche Dokumentation von nicht teilnehmenden Personen vorliegt. Wann immer es möglich ist, sollten aber wenigstens Vertreter*innen der Professionen anwesend sein, die direkt mit dem Kind arbeiten und im Anschluss an den vereinbarten Maßnahmen beteiligt sind.

3. Liegen alle **benötigten Informationen** vor (Berichte, Diagnosen ...) und haben alle die benötigten Informationen darüber?

Hier kann es hilfreich sein, im Vorfeld noch einmal an den Termin zu erinnern und um die Bereitstellung von hilfreichen Berichten oder Dokumentationen zu bitten. Sinnvoll ist, eine Frist zur Abgabe festzulegen.

4. Gibt es bereits **konkrete Fragestellungen** und können diese im Vorfeld konkret formuliert und allen zugänglich gemacht werden?

Die konkrete Fragestellung entsteht meist im Alltag einer Lebensumwelt der Klient*in. Wenn es um die Erstellung eines generellen Teilhabeplanes geht, gibt es diese eher nicht. Geht es aber um aktuelle Probleme, die es zeitnah und zufriedenstellend zu lösen gilt, hilft eine konkrete und detaillierte Fragestellung sehr. Diese sollte im Vorfeld ebenfalls allen am Gespräch teilnehmenden Personen transparent gemacht werden, damit eine Vorbereitung möglich wird.

5. Terminfindung und Gestaltung

Für die Abstimmung eines Termins bieten sich, vor allem bei größeren Gruppen, Tools, wie doodle oder Ähnliches an. Können oder dürfen diese nicht genutzt werden, dann ist es ratsam, eine Reihe von Terminen vorzuschlagen und denjenigen auszuwählen, an dem die meisten verfügbar sind. Nicht teilnehmende Personen sollten bestmöglich über Inhalte und Vereinbarungen des Gesprächs informiert werden.

Wichtig ist die Vereinbarung eines festen Zeitrahmens, damit das Ganze nicht ausufert. Im Vorfeld können feste Redezeiten und Zeiten für Diskussion oder Entscheidungsfindung zugewiesen werden, die nicht überschritten werden sollten.

6. Ernennung eines **Moderators**, der strukturiert durch das Gespräch führt.

Ein Moderator hat die Ziele des Gesprächs im Blick und kann gegebenenfalls darauf hinweisen, wenn ein Gespräch in die falsche Richtung oder am eigentlichen Thema vorbei läuft.

Der Moderator sollte die Tagesagenda mit Fragestellung, Redebeiträgen und weiteren zu besprechenden Punkten vorliegen haben und sich strikt daran halten.

7. Ernennung eines **Zeitwächters**, der auf die Einhaltung der vereinbarten zeitlichen Strukturen achtet.

Der Zeitwächter achtet genau auf die Einhaltung der im Vorfeld vereinbarten zeitlichen Strukturen. Er weist darauf hin, wenn Zeiten überschritten werden, und führt zum nächsten Tagesordnungspunkt.

Für einen entspannten zeitlichen Ablauf kann es hilfreich sein, zu Beginn des Gesprächs 5 Minuten für „Plaudereien" zu berücksichtigen. Werden diese nicht gebraucht, stehen sie als zeitlicher Puffer zur Verfügung. In aller Regel braucht man aber ein paar Minuten, um entspannt ins Gespräch zu kommen.

8. Soll es einen **Protokollführer** geben, der die Ergebnisse schriftlich fixiert und allen zukommen lässt?

Ein Protokoll ist immer hilfreich und nützlich, um vereinbarte Dinge nachzulesen oder abwesenden Personen den nötigen Überblick zu verschaffen. Ein Protokoll für alle sorgt außerdem dafür, dass alle die gleichen Informationen vorliegen haben. Insofern würde ich immer für ein Protokoll plädieren.

Der Entschluss für ein Protokoll bedeutet aber auch, dass es zeitnah erstellt und an alle verschickt werden muss, damit diese die Chance haben, bei Missverständnissen zu korrigieren.

9. Am Ende des Gespräches die Vereinbarung eines **neuen Termins**, um Maßnahmen zu **evaluieren**.

Die direkte Vereinbarung des neuen Termins bedeutet, dass die mühselige Abstimmung entfällt und alle bereits ein Zieldatum im Kalender fixiert haben. Bis zu dem neuen Termin müssen alle Einzelmaßnahmen überprüft und die Teilziele evaluiert sein. Diese Ergebnisse werden dann zusammengetragen und bewertet, ob das Teilhabeziel erreicht wurde oder modifiziert werden muss. Es dient auch dazu, zu überprüfen, ob Einzelmaßnahmen erfolgreich waren und beendet werden können oder mit neuer oder modifizierter Zielstellung weitergeführt und weiterfinanziert werden.

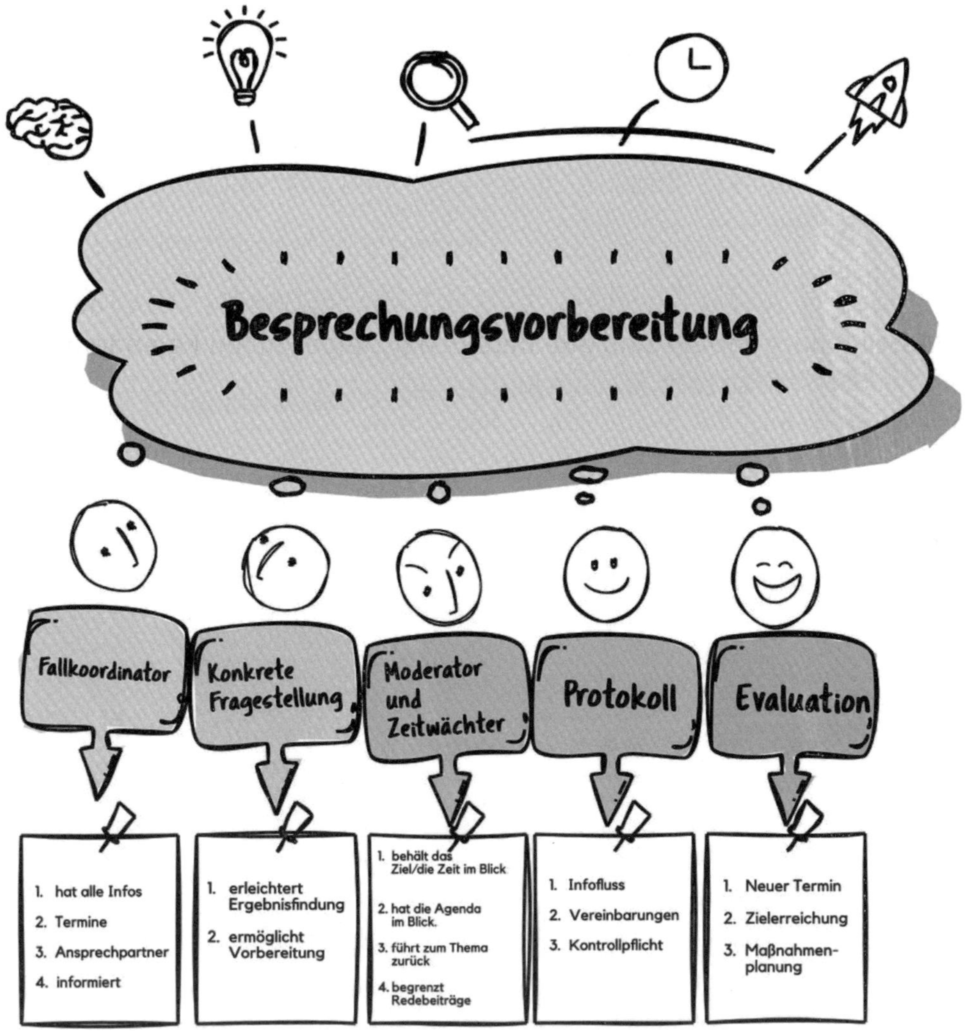

Abbildung 8: Besprechungsstruktur

4. „Ja, ich will!" – wie Teilhabeziele gut formuliert werden können

Für die Finanzierung von Maßnahmen erfordert das Bundesteilhabegesetz (2017) die Identifizierung sogenannter Teilhabeziele, um die Partizipation des Menschen zu unterstützen und zu gewährleisten.

In den vergangenen Kapiteln haben wir viel über die Teilhabe als solche gesprochen. Die Frage ist nun, wie sinnvolle Teilhabeziele formuliert werden können, damit einerseits dazu passende Maßnahmen gefunden werden und andererseits diese Ziele für den jeweiligen Menschen so bedeutend sind, dass diese auch tatsächlich als sinn- und wertvoll wahrgenommen werden können.

Die Grundlage zur Findung dieser Ziele ist immer die Beschreibung der **Teilhabebeeinträchtigung**. Dies geschieht in der Regel durch einen Vergleich mit der Altersnorm: „Was können Kinder/Menschen in einer ähnlichen Situation tun?", oder „Was wollen Menschen in einer ähnlichen Situation tun?".

Dieser Vergleich wird normalerweise schwieriger, je älter das Kind wird und je individueller Entwicklungsverläufe werden. Zusätzlich müssen die jeweiligen personenbezogenen und kulturellen Maßstäbe Berücksichtigung finden.

Beispiel:
Tina ist sechs Jahre alt und soll in diesem Sommer eingeschult werden. Im Vergleich mit den anderen schulpflichtigen Kindern der Kitagruppe fällt auf, dass Tina in mehreren Bereichen noch nicht so weit entwickelt ist, wie es die Altersnorm beschreibt. Sie kann sich noch nicht allein aus- oder ankleiden, vergisst oder verliert ihre mitgebrachten Dinge. Sie schafft es noch nicht konstant, rechtzeitig die Toilette aufzusuchen und auch ihre Stifthaltung und fein-, sowie grobmotorischen Funktionen sind nicht altersentsprechend. Diese Beobachtungen identifizieren eine Teilhabebeeinträchtigung für die kommende Lebenswelt „Schule". Um Tina dort nicht scheitern zu lassen, werden bereits jetzt Überlegungen angestrebt, wie Tinas Teilhabe sichergestellt werden kann.

Ein weiteres Beispiel zur Verdeutlichung:
Der sechsjährige *Yamin* ist der einzige Sohn einer Familie mit einem afghanischen Migrationshintergrund. Er ist Teil einer Psychomotorikgruppe und wird stets von seiner Mutter begleitet. Diese besteht darauf, auch in der Stunde anwesend zu sein und wacht darüber, dass ihrem Sohn nichts passiert. Manche Aktionen verbietet sie ihm mit der Begründung, er würde

sich sehr leicht verletzen und er hätte Angst vor Höhen. Ansonsten zeigt sich Yamin eher distanzlos Erwachsenen und Kindern gegenüber. Er versucht stets, seinen Willen durchzusetzen und wird dabei nicht von seiner Mutter gebremst.

In diesem Beispiel können gleich mehrere kulturelle und personenbezogene Hypothesen betrachtet werden:

Wir erfahren nichts Genaueres über den Hintergrund der Fluchterfahrung der Familie. Eine mögliche Hypothese könnte sein, dass die Familie traumatisierende Fluchterfahrungen erlebt hat und die Sorge um Yamin deshalb ungewöhnlich groß ist. Es wird der Gesamtsituation nicht dienlich sein, die Mutter aufzufordern, die Fördersituation zu verlassen oder von ihr zu verlangen, sich selbst zurückzunehmen. Als Folge könnte sie die Maßnahme beenden oder dem Wunsch mit einem unguten persönlichen Gefühl nachkommen. Hier wäre eine gute Absprache aller Beteiligten sinnvoll, um weitere Maßnahmen zu überlegen, die auch die Familie Yamins stärker in den Fokus nehmen könnte.

Eine zweite Hypothese könnte sein, dass Familien aus dem arabischen Kulturkreis häufiger einen behütenden und weniger Grenzen setzenden Erziehungsstil für die Söhne zeigen. Auch hier können wir nicht unmittelbar unsere Werte und Normen und gewachsenen Sozialisationsbedingungen auf einen anderen Kulturkreis übertragen. Auch hier benötigt es enge Absprachen und Maßnahmen, die das familiäre Umfeld mit in den Blick nehmen. Und manchmal müssen gewisse Grenzen auch akzeptiert und hingenommen werden, solange diese keine massive Teilhabebeeinträchtigungen nach sich ziehen. Die Bewertung dessen obliegt immer der subjektiven Wahrnehmung.

4.1 Wann sind wir fertig? Oder: Wie kann Teilhabe gemessen und bewertet werden?

Im Regelfall bilden die Beobachtung des Kindes in seinem jeweiligen Alltag, Gespräche mit Eltern und anderen Fachkräften bzw. deren Berichte die

Grundlage. Der Austausch im Team erhöht die Gesamtobjektivität und die möglichen Blickwinkel auf das Kind und seine „Probleme".

Besonders für Eltern ist diese Situation oft neu und ungewohnt. Lange Zeit wurden ihre Bedürfnisse nicht in diesem Maße wahrgenommen und berücksichtigt und der Austausch mit so vielen Fachleuten an einem Tisch kann zunächst bedrohlich wirken. Vor allem, wenn ein möglicher Nutzen noch ungewohnt oder sogar unbekannt ist. Dennoch lohnt sich eine respektvolle Beharrlichkeit, um einerseits die Standpunkte der Fachleute darzustellen und sicher zu gehen, dass alles von den Eltern verstanden wurde. Aber auch andererseits, um die Meinungen und Wünsche der Familie und ihre spezifische Lebenssituation zu verstehen. So können diese Gespräche und die Umsetzung in wirksame Maßnahmen eine echte Unterstützung für die Familie darstellen, von ihr besser akzeptiert und als Nutzen wahrgenommen werden.

4.1.1 Die Teilhabebeeinträchtigung in Zahlen: so macht's die WHO

Vor allem, wenn Teilhabeziele für Leistungserbringer oder finanzierende Systeme verschlüsselt werden müssen, ist es notwendig, entsprechende Merkmale zu definieren. Die WHO hat hierzu Kriterien zusammengefasst:

Beurteilungsmerkmal	Ausmaß	Größe
.0	Problem nicht vorhanden	Ohne, kein, unerheblich
.1	Problem leicht vorhanden	Schwach, gering
.2	Problem mäßig ausgeprägt	Mittel, ziemlich
.3	Problem erheblich ausgeprägt	Hoch, äußerst
.4	Problem voll ausgeprägt	Komplett, total
.8	Nicht spezifizierbar	Unbekannt
.9	Nicht anwendbar	

Abbildung 9: Beurteilungskriterien für Teilhabeschwierigkeiten (vgl. WHO 2011)

Betrachtet wird das „Problem“, aufgrund dessen ein Klient in den Fokus genommen wird. Irgendwo gibt es etwas, was auffällig ist, oder (noch) nicht so gut funktioniert. Abgeschätzt wird, in welchem Ausmaß das Verhalten als „Problem“ eingeschätzt wird.

Erinnern wir uns an Fridolin: Er kann sich mit einem Rollator innerhalb der Umwelt Kita fortbewegen. Die Frage ist, inwieweit diese Art der Fortbewegung eingeschränkt ist. Das Kürzel „b465: sich unter Verwendung von Geräten fortbewegen“ muss also im Ausmaß der Einschränkung eingeschätzt werden und mit dem entsprechenden Beurteilungsmerkmal versehen werden. Wie wir aus der Beschreibung Fridolins wissen, ist er in der Lage, sich fortzubewegen, wenn ihm ausreichend Platz und Ruhe zur Verfügung steht. Dies kann im Kitaalltag aber nicht immer gewährleistet werden, was bedeutet, dass es trotz Rollator ein Problem in der selbstständigen Fortbewegung gibt. Das Ausmaß der Einschränkung muss nun subjektiv beurteilt werden und es ist natürlich, dass es hier zu unterschiedlichen Einschätzungen kommen kann.

Wir kommen zu dem Schluss, dass es sich um ein mittleres bis ziemlich ausgeprägtes Teilhabeproblem handelt, da Fridolin zum jetzigen Zeitpunkt in der Kita den Rollator nur wenig zur selbstständigen Fortbewegung einsetzen kann, er aber gleichzeitig auch noch andere Möglichkeiten zur Fortbewegung nutzt, wie z. B. sich krabbelnd zu bewegen. Das Problem ist also mäßig ausgeprägt. Dem Kürzel b465 wird ein .2 angehängt: b465.2.

Die Größe, bzw. das Ausmaß der Teilhabeeinschränkung lässt sich von „.0: Es gibt kein Problem“ bis hin zu „.4: Das Problem ist voll ausgeprägt und ständig vorhanden“ beurteilen.

Lässt sich ein Teilhabeaspekt nicht auf die Situation oder den Menschen anwenden, so kann „.9: Nicht anwendbar“ genutzt werden. Im praktischen Alltag wird es allerdings eher seltener vorkommen, dass dieser Teilhabeaspekt dann erwähnt wird. Wahrscheinlicher ist es, dass er aus Gründen der Übersichtlichkeit eher keine Erwähnung findet.

Ebenfalls möglich ist es, dass die Größe der Teilhabeeinschränkung nicht eingeschätzt werden kann. In diesem Fall kann „.8: Nicht spezifizierbar" angewendet werden. Beide Einschätzungen dürfen aber nur benutzt werden, wenn die Teilhabeeinschränkung auch tatsächlich Bestandteil der Beurteilung geworden ist. Habe ich mich dazu entschlossen, diese in den Einschätzungen nicht zu erwähnen, da sie vielleicht in dieser Situation als zu unerheblich eingeschätzt wird, so muss sie natürlich auch nicht mit einem Beurteilungsmerkmal versehen werden.

Die spannende Frage, die sich an dieser Stelle stellt, ist, wie es gelingen kann, Teilhabeaspekte möglichst objektiv zu beobachten und einzuschätzen. Wie bereits beschrieben, hilft das Gespräch mit möglichst vielen, an den jeweiligen Situationen beteiligten Personen. Hilfreich können ebenfalls Instrumente sein, die in der Beobachtung unterstützen, indem sie diese zum Beispiel strukturieren oder im Verlauf Veränderungen deutlich machen können.

Hier gibt es eine große Anzahl verschiedener Instrumente. Sie sind nicht explizit als ICF-Beobachtungsinstrument entwickelt worden, können aber in unterschiedlichen Situationen die Beobachtung erleichtern. Insgesamt lässt sich feststellen, dass es einen großen Bedarf an evaluierten Instrumenten gibt, die Teilhabe messen und Wünsche und Bedürfnisse identifizieren können. Insbesondere bei Kindern oder Klient*innen, die selbst (noch) nicht ausreichend gut kommunizieren können.

Einige Beispiele:

- WHO-DAS Skala, 2010: Disability Assessment Schedule. Dieses englischsprachige Instrument für erwachsene Klient*innen versucht Gesundheit und Beeinträchtigung zu messen und ist frei im Download verfügbar.

- CAPE Skala (King 2004): Dieses kanadische Instrument versucht, die vom Kind getätigten Aktivitäten darzustellen. Es beschreibt die Intensität, die Orte, beteiligte Personen und verbundene Freude von/an Aktivitäten.

- CAP (Meester-Delver, 2007): Mit diesem Instrument kann ein Kapazitätsprofil für Kinder ab 3 Jahre erstellt werden. Es zeigt das Ausmaß der notwendigen Unterstützung an.

- CASP (Bedell 2011): Dieses Instrument versucht die Partizipation von Kindern mit und ohne Einschränkungen zu vergleichen, beschrieben von ihren Bezugspersonen.

- PEM-CY (Coster et al. 2013): Dieses Instrument beschreibt die Teilhabe von Kindern und Jugendlichen in unterschiedlichen Umwelten und versucht, in der Entwicklung von Problemlösestrategien zu unterstützen.

- PEDI-D (Schulze & Page, 2014): Dieses Instrument versucht die wichtigsten funktionellen Fertigkeiten und Leistungsfähigkeit im Alltag zu erfassen. Für Kinder mit und ohne Beeinträchtigungen zwischen 6 Monaten und 7;6 Jahren. Mit betrachtet werden die benötigte Unterstützung, sowie der Einsatz von Hilfsmitteln.

- SCOPE (Kielhofner, 2008): Dieses Instrument ermöglicht systematisch zu bewerten, welche Einflussfaktoren die Teilhabe des Kindes fördern oder behindern. Unabhängig von Alter, Diagnose, Symptomen oder Situation.

- Perik (Mayr & Ulich, 2007): Dieses Instrument unterstützt bei der Beobachtung von positiver Entwicklung und Resilienz im Kindergartenalltag.

- ToP (Skard & Bundy, 2011): Dieses Instrument schätzt die Spielfähigkeit von Kindern und der dazu benötigten Unterstützung ein.

Je nach Art der Beobachtungssituation oder auch der zu beurteilenden Teilhabe bietet sich das eine oder andere Instrument zur Unterstützung an. Im CAP zum Beispiel wird die benötigte Unterstützung durch Bezugspersonen oder Assistenzen beschrieben. Von „0: Keine Unterstützung notwendig“ bis zu „5: Eine Unterstützung durch persönliche Betreuung ist kontinuierlich und vollständig notwendig“ sind unterschiedliche Abstufungen möglich. Dieses Instrument kann hilfreich und sinnvoll sein, wenn es zum Beispiel um die Installation einer Einzelintegrationskraft im Kindergarten oder in der Schule geht.

Verglichen mit anderen Kindern im gleichen Alter, wie schätzen Sie die Teilhabe Ihres Kindes an folgenden Aktivitäten ein?	**Altersentsprechend**	**Ein wenig eingeschränkt**	**Sehr eingeschränkt**	**Unfähig dazu**	**Nicht anwendbar**
Bei der Selbstversorgung (z. B. essen, sich anziehen, sich waschen, kämmen, Toilettenbenutzung)					
In seiner Mobilität , sich zuhause zu bewegen					
Mit anderen zu kommunizieren					

Im CASP wird die Teilhabe des zu beurteilenden Kindes mit der Teilhabemöglichkeit von nicht beeinträchtigten Kindern im gleichen Alter verglichen. Den Vergleich nehmen Eltern oder Bezugspersonen vor.

Im Pedi-D werden einerseits funktionelle Fähigkeiten beurteilt, wie z. B. die Fähigkeit, sich die Zähne zu putzen. Die Handlung des Zähneputzens wird in unterschiedliche Teilbereiche aufgeteilt und kann so detailliert beschrieben werden. Es lässt sich zum Beispiel unterscheiden, ob das Kind den Mund öffnet, um sich die Zähne putzen zu lassen, ob es die Zahnbürste selbst hält, ob es die Zähne gründlich putzt oder sogar mit der Zahnpasta hantieren kann. Zusätzlich wird der benötigte Unterstützungsbedarf beurteilt.

Der SCOPE beurteilt Alltagshandlungen von Kindern anhand der Kriterien FAIR. Dabei steht das F für fazilitierend oder fördernd, das A für akzeptierend oder zulassend, das I für inhibierend oder hemmend und das R für restriktiv oder verhindernd.

Die beobachtende Person versucht einzuschätzen, wie eine Handlung im Alltag zu bewerten ist. Im Bereich der motorischen Fertigkeiten wird zum Beispiel die Frage gestellt, ob „die motorischen Fertigkeiten des Kindes seine Haltung, Mobilität und gesamte Betätigungsperformanz fördern". Dieser Bereich wäre mit F zu bewerten, wenn „das Kind bei Aktivitäten eine stabile, aufrechte, flexible Haltung und wirkungsvolle Mobilität zeigt". Ein A würde man vergeben, wenn „das Kind meistens die Fähigkeit zeigt, Haltung und Mobilität bei Aktivitäten aufrecht zu erhalten". Als I und damit eher hemmend zu bewerten wäre dieser Bereich, wenn „das Kind häufig Haltungsinstabilität und Bewegungsschwierigkeiten zeigt". Ein R wäre zu vergeben, wenn „das Kind keine Haltung aufrechterhalten kann und nicht mobil ist".

Bei der Nutzung des SCOPE identifizieren vor allem mit F und A beurteilte Bereiche „Ressourcen des Kindes", die eine Teilhabe positiv beeinflussen können. Mit I oder R beurteilte Bereiche sind klar als Barriere zu identifizieren. Sie verhindern oder erschweren in der Regel die Teilhabe des Kindes.

Um ein passendes Beurteilungsmerkmal zu finden, kann es helfen, die richtige Frage zu stellen. Hier können dann unterschiedliche Indikatoren zum passenden Code führen.

Wir können die Frage nach dem Ausmaß des Problems stellen oder nach der Frequenz, also wie häufig das Problem auftritt. Interessant kann aber auch das zeitliche Ausmaß des Problems sein, ebenso wie der benötigte Hilfebedarf. Hilfreich hierfür ist die folgende Tabelle nach Pretis (2020), die eine Zuordnung zum Beurteilungsmerkmal ermöglicht, in dem eine konkrete Frage zum Problem gestellt wird, z. B. „Wie häufig kommt das beschriebene Problem vor?" und „Welchen Umfang hat der dann benötigte Hilfebedarf?".

WHO-Beurteilungs-merkmal	Ausmaß des Problems	Frequenz	Zeitliches Außmaß	Hilfebedarf
.0	Keines	Niemals		Ohne Hilfe
.1	Leicht	Selten	Weniger als 25% der Zeit	Mit verbaler Unterstützung
.2	Mäßig	Manchmal	25–50% der Zeit	Mit Anwesenheit
.3	Erheblich	Oft	Bis zu 75% der Zeit	Mit Hands-on Hilfe
.4	Komplett	Immer	100% der Zeit	Stellvertretend
.8	Nicht spezifiziert	Wir wissen es nicht genau. Wir können es nicht einschätzen. Wir sind uns nicht einig. Wir brauchen mehr Information. Es ist sehr veränderlich.		

Abbildung 10: Indikatoren für WHO-Beurteilungsmerkmale (vgl. Pretis, 2020)

4.2 Ab auf das Papier – Teilhabeziele formulieren

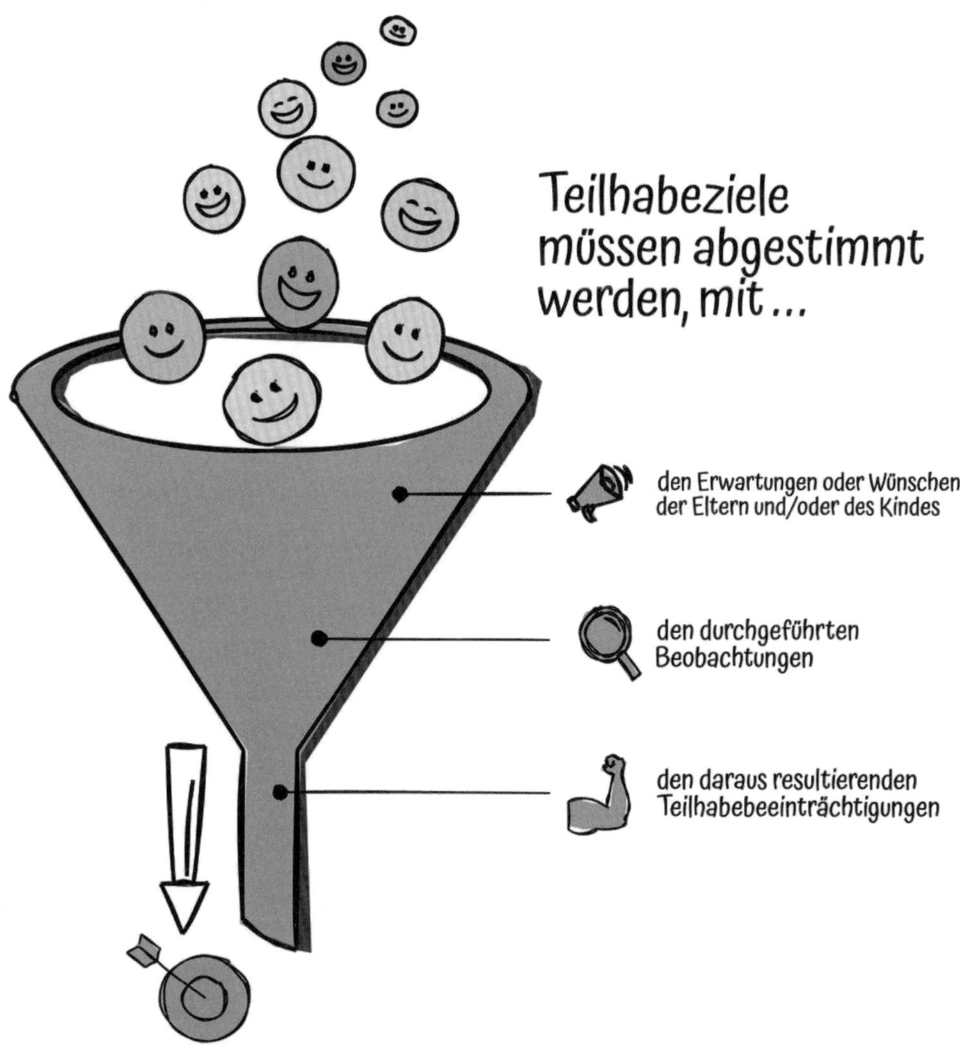

Abbildung 11: Abstimmung von Teilhabezielen

Teilhabeziele, die aus den beobachteten Schwierigkeiten und den daraus resultierenden Teilhabeschwierigkeiten entstehen, müssen im Team besprochen und miteinander abgestimmt werden. Diese Ziele sind fachkräfte- und disziplinenübergreifend, es unterscheiden sich nur die Methoden bei den daraus resultierenden Maßnahmen.

Ein Beispiel:
Frida ist fünf Jahre alt und hat das Down-Syndrom. In der Kita fällt auf, dass Frida in Bewegungssituationen eher beobachtet und nur schwer dazu motiviert werden kann, selbst mitzumachen. Die Eltern wünschen sich, dass Frida in ihrer Motorik sicherer wird.

Die Erwartungen der Eltern sind, dass Frida sich in ihrer Motorik verbessert, um im Alltag sicherer zu werden. Dieser Wunsch deckt sich mit den Beobachtungen im Kitaalltag: Frida scheint Bewegungssituationen aktiv zu vermeiden und eher eine beobachtende Position einzunehmen. Dies nimmt ihr mögliche Entwicklungschancen, die im aktiven Tun erreicht werden könnten. Ein mögliches zu formulierendes Teilhabeziel könnte lauten:

> *Frida beteiligt sich bis zu den Osterferien in jeder Bewegungseinheit mindestens einmal aktiv am Gruppengeschehen.*

Für die unterschiedlichen Fachrichtungen ergeben sich aus dem gemeinsam formulierten Teilhabeziel unterschiedliche SMARTe Einzelziele mit entsprechenden Maßnahmen.

Mögliche Maßnahmen in verschiedenen Professionen:
Physiotherapie: *Frida bewältigt in den nächsten 4 Wochen einen Bewegungsparcours mit unterschiedlichen Untergründen selbstständig.*
Um Fridas Gleichgewicht, ihre Koordination und ihre Kraft zu fördern, bietet die Physiotherapeutin unterschiedliche Untergründe an, auf denen sich Frida selbstständig und angstfrei bewegen soll. Um sie zu motivieren, darf Frida dabei bunte Bälle in einem Körbchen aufsammeln, da sie dieses Spiel sehr mag.

Ergotherapie: *Frida übernimmt in der Kleinstgruppe (3 Kinder) in den nächsten 4 Wochen bei verschiedenen Kreisspielen die Führung.*
Die Ergotherapeutin fördert Frida in einer Kleinstgruppe mit zwei weiteren Kindern. Hier geht es vor allem um einfache Bewegungsspiele im Kreis. Fri-

da soll hier immer wieder die Führungsrolle übernehmen, um ihre soziale Sicherheit zu fördern.

Pädagogik: *Frida spielt im freien Bewegungsspiel im Garten der Kita mit einem oder zwei anderen Kindern ein gemeinsames Spiel.*
Da Frida Bewegungssituationen mit anderen Kindern gern vermeidet, soll sie motiviert werden, diese mit wenigen anderen Kindern zu gestalten oder wenigstens auszuhalten. Eine Pädagogin begleitet die Situation und unterstützt Fridas Bemühungen.
Was aus diesem Beispiel klar wird, ist, dass alle beteiligten Bereiche das gemeinsame „große" Ziel unterstützen und dabei durchaus unterschiedliche fundamentale Bereiche abdecken können.

4.3 Missverständnisse vermeiden – von einer gelungenen Formulierung

Für das Gelingen von Teilhabezielformulierungen ist es unabdingbar, genau und präzise zu formulieren.

Der Umgang mit Sprache ist Alltag und für uns alle so selbstverständlich, dass wir häufig blind sind für die Feinheiten, die aber einen wesentlichen Unterschied im Verständnis ausmachen können. Deshalb lohnt sich der genaue Blick auf die Chancen, die in der feinen und genauen Formulierung liegen können.

Grundsätzlich muss jedes Teilhabeziel in der Beobachtung beschrieben sein und als „Problem" eingeschätzt werden, damit es in der Teilhabeplanung Berücksichtigung findet. Ein Teilhabeziel stellt „in der Regel" etwas dar, was noch erreicht werden muss, also aktuell noch nicht vorhanden ist. Formuliert wird es aber so, als wäre es bereits erreicht worden:

> *„Hannah bleibt in der Essenssituation am Platz."*

Die Formulierung des Ziels stellt den (erwünscht) zu erreichenden Zustand am Ende eines definierten Zeitraums dar. Wie dieser Zustand erreicht werden kann und welche Maßnahmen zur Unterstützung notwendig werden, wird in der jeweiligen Maßnahmenplanung abgebildet. Jeder Teilbereich, der mit dem Kind arbeitet, kann spezifische Maßnahmen identifizieren, die das Erreichen des gemeinsam formulierten Teilhabeziels unterstützen.

Denkbar wäre aber auch der Ausbau von kindlichen Ressourcen. Konzentrieren wir uns auf einen Bereich, den das Kind schon gut kann, können wir Stress aus den Situationen nehmen, die noch zu entwickeln sind. Damit würde das zu erreichende Ziel eher in der Festigung bereits erreichter Fähigkeiten liegen.

Vielleicht kann Hannah besonders gut zählen. Das zu erreichende Ziel wäre, dass Hannah in der Essenssituation am Platz bleibt und nicht im Gruppenraum herumläuft. Hier kann Hannas Ressource des Zählens ausgenutzt werden: Die Erzieherin setzt sich in der Situation neben Hannah und teilt die Portion in sichtbare Häppchen auf. Jeder Löffel, den Hannah in den Mund steckt, wird gezählt und ein Kärtchen mit der entsprechenden Zahl wird umgedreht. Über Hannahs Zählkompetenz und ihre Begeisterung für das Zählen wird es ihr möglich, am Tisch zu sitzen und die Situation auszuhalten. Das eigentliche Ziel des Sitzenbleibens tritt damit zunächst in den Hintergrund und der offensichtliche Fokus liegt auf Hannahs Ressource „Zählen“.

Beispielhaft sind hier psychomotorische Angebote im kindzentrierten Ansatz (Fischer, 2019). Das Kind nutzt seine vorhandenen Fähigkeiten, da es sich in diesem Bereich sicher fühlt. Auf dieser Basis kann es nach und nach Neues ausprobieren und seine Fähigkeiten erweitern. Dieser kompetenzorientierte Ansatz bietet die Möglichkeit, die Förderung nicht nur defizitorientiert zu sehen. Das Instrument SCOPE unterstützt diese Art der Sichtweise auf kindliche Entwicklung.

4.3.1 Was kann ich und was will ich tun?

Es ist ein großer Unterschied, ob jemand grundsätzlich zu etwas in der Lage ist, oder ob er oder sie dies auch in allen Situationen zeigen kann.

Diese Problematik wurde bereits mit dem Unterschied von Leistung und Leistungsfähigkeit verdeutlicht:

Enno (4 Jahre) kann zum Beispiel bereits die Toilette benutzen, in der aufregenden und ablenkenden Welt der Kita vergisst er es aber immer wieder, diese auch rechtzeitig aufzusuchen. Die Leistungsfähigkeit zum Toilettenbesuch wäre also grundsätzlich gegeben, in der spezifischen Umwelt Kita kann die Leistung aber noch nicht abgerufen werden.

Ein häufiger Fehler in diesem Zusammenhang ist die Benutzung von Modalverben, wie „müssen“, „können“, „sollen“ oder „in der Lage sein“ bei der Formulierung von Teilhabezielen. Diese Verben modulieren Aussagen, können aber zu Missverständnissen führen.

Für Enno zum Beispiel wäre die Formulierung

> *„Enno kann in der Kita die Toilette benutzen.“*

missverständlich. Er ist grundsätzlich in der Lage dazu. Die Umwelt der Kita mit all ihren Ablenkungen und aufregenden Spielgelegenheiten lässt ihn das Bedürfnis vergessen und führt dazu, dass immer mal wieder etwas in die Hose geht. Die dahinterstehende Problematik ist also eine andere: Enno sollte lernen, seine Aufmerksamkeit auf das Bedürfnis zu lenken. Der Toilettenbesuch selbst stellt kein Problem dar. Ob dieses beschriebene Beispiel ein tatsächliches Teilhabeproblem darstellt oder nur eine Variante im Reifungsprozess der kindlichen Entwicklung ist, sei an dieser Stelle dahingestellt.

Grundsätzlich sind Modalverben also zu vermeiden und immer durch **aktive Verben** zu setzen.

Beispiel:

> *„Hans **kann** in der Kita an seinem Platz sitzen bleiben, während andere Kinder an ihm vorbeilaufen.“*

Wird ersetzt durch:

> *„Hans* ***bleibt*** *in der Kita an seinem Platz sitzen, während andere Kinder an ihm vorbeilaufen."*

4.3.2 Wer macht's?

Eine Teilhabe am gesellschaftlichen Leben ist immer aktiv und durch selbstständige Tätigkeit gekennzeichnet. Aus diesem Grund benötigt ein formuliertes Teilhabeziel auch immer ein aktives Verb „Hans läuft ...", „Carla malt ...", „Mustafa unterscheidet ...". Es geht bei Teilhabe nie darum, dass andere Menschen etwas für das Kind tun: „Der Mensch ist Akteur seiner eigenen Entwicklung" (Piaget, 1954). Übernimmt ein anderer die Teilhabemöglichkeiten ganz oder teilweise, nimmt man dem Kind Entwicklungschancen und schränkt Teilhabe ein. Häufig werden Teilhabeziele aber genau so formuliert:

> *„Die Erzieherin behält Fritz im Blick und reagiert sofort auf eventuelles Fehlverhalten."*

Die Tätigkeit der Erzieherin ist gut gemeint und wahrscheinlich in dieser Situation auch nötig. Dennoch ist hier die Maßnahme beschrieben und nicht das Teilhabeziel. Das dahinterstehende Ziel könnte lauten:

> *„Fritz bleibt ruhig und reagiert angemessen."*

Um Fritz zu unterstützen, bleibt die Erzieherin dicht am Kind und begleitet es prompt und unmittelbar in seinen Reaktionen.

Ein anderes Beispiel:

> *„Der Busfahrer versucht, Theos Geschrei zu ignorieren."*

Theo schafft es offensichtlich noch nicht, ruhig und angemessen im Bus zu fahren. Er schreit viel und lenkt den Busfahrer von seiner Tätigkeit ab, was ein Sicherheitsrisiko darstellt. Durch die Formulierung des Teilhabeziels wird eine mögliche Lösung des Problems auf den Busfahrer übertragen: Er soll ruhig und gelassen bleiben. Es wird nicht versucht, an Theos Verhalten zu arbeiten, um eine langfristige Veränderung zu erwirken.

Ein aktives Teilhabeziel wäre:

„Theo bleibt im Bus sitzen und schreit nicht."

Mit welchen Maßnahmen dies erreicht werden kann, muss ausprobiert werden, ist aber nicht Teil der Formulierung des Teilhabeziels.

„Beim Mittagessen akzeptieren die anderen Kinder, wenn Ahmed aufsteht."

Besser:

„Ahmed bleibt beim Mittagessen sitzen."

„In der Psychomotorikgruppe warten die anderen Kinder, bis Sofia sich umgezogen hat."

Besser:

„Sofia zieht sich in einer angemessenen Zeit um."

„Die Erzieherin legt für Tom die benötigten Kleidungsstücke in der richtigen Reihenfolge bereit."

Besser:

„Tom zieht die Kleidungsstücke in der richtigen Reihenfolge an."

„Die Gruppe gestaltet den Gruppenraum um, so dass Igor ausreichend Platz zum Laufen erhält."

Besser:

„Igor kommt mit dem zur Verfügung stehenden Platz im Gruppenraum zurecht oder er sorgt dafür, dass ihm Platz gemacht wird."

„Die anderen Kinder lassen Kai in der Pause mitspielen."

Besser:

„Kai sucht sich in der Pause Kinder, die mit ihm spielen."

Was in diesem Zusammenhang hilfreich sein kann, ist, dass man genauer beschreibt, wie das Ziel erreicht werden soll, indem formuliert wird, was konkret getan wird:

„Kai sucht sich in der Pause Kinder, die mit ihm spielen, indem er sich einer Gruppe anschließt und ein gemeinsames Spiel sucht."

4.3.3 Der „Tatort"

Wie schon unter 4.3.1 beschrieben kann es sein, dass ein Kind etwas in einem Kontext tun kann, in einem anderen aber noch nicht. Dies ist wichtig zu berücksichtigen und zu beschreiben, da es den Unterschied zwischen Leistung und Leistungsfähigkeit darstellt und wesentlich für Entwicklungsprognosen ist.

„Ida wäscht sich ***in der Kita*** *selbstständig die Hände nach dem Toilettengang."*

„Tim benennt ***zu Hause*** *den Hund mit seinem Namen."*

„Florian verlässt ***die Psychomotorikgruppe*** *zügig und friedlich."*

Manchmal ist eben genau das das Problem, dass etwas in einem Kontext funktioniert, in einem anderen aber überhaupt (noch) nicht. In diesem Fall ist es also nicht das Kind selbst, was eine bestimmte Tätigkeit (noch) nicht beherrscht, sondern es liegt klar am Kontext, dass eine Aktivität noch nicht funktioniert. Das Problem besteht also möglicherweise ausschließlich in der beschriebenen Lebenswelt.

4.3.4 Irgendwer kann's immer besser

Relationale Bezüge sind offene oder versteckte Vergleiche. Die Aussage bezieht sich auf etwas oder jemand anderes, bzw. einen anderen Zeitpunkt. Jemand kann etwas besser oder schlechter als jemand oder als zu einem anderen Zeitpunkt. Sichtbar wird es durch Wörter wie „weniger" oder „mehr" oder auch Adjektivanhänge wie „-er", z. B. „aufmerksam-er".

In diese Falle tappen wir regelmäßig, wenn der Ausgangspunkt schlecht definiert werden kann. Dann wird auch eine Evaluation nur schwer möglich. Auf die Aussage

> *„Eva läuft in der Kita sicherer",*

lässt sich nur schwer bestimmen, wann dieses Ziel erreicht ist. Weder die Ausgangssituation („Wie sicher ist Eva bisher gelaufen?") wurde konkret bestimmt, noch wurde beschrieben, was „sicherer" bedeutet. Konkreter wäre eine Aussage, wie:

> *„Eva läuft bis zu den Sommerferien in der Kita 10 Schritte selbstständig und sicher."*

In dieser SMARTen Aussage ist eine fest definierte Größe (10 Schritte), ein definierter Ort (in der Kita), ein definierter Zeitraum (bis zu den Osterferien) und das „Wie" (selbstständig) beschrieben. Damit ist einerseits genau beschrieben, was erreicht werden soll, und es kann der Zeitpunkt erkannt werden, wann es erreicht wurde (Evaluation): an dem Tag, an dem Eva 10 Schritte selbstständig und sicher in der Kita bewältigt, ohne zu fallen. Spätestens zum Beginn der Sommerferien sollte das Ziel überprüft werden, wenn es bis dato noch nicht erreicht wurde.

Teilhabeziele sind immer ein Prognoseprozess. In der Formulierung wagen wir eine Vorhersage, bis wann wir das Erreichen als möglich einschätzen. Ein Nichterreichen des Ziels bedeutet, dass das Ziel entweder zu hoch gesteckt war, oder dass besondere Umstände das Erreichen erschwert haben (z. B. lange Fehlzeiten durch Krankheit). In diesem Fall könnte der Zeitraum bis zum Erreichen des Ziels verlängert werden. War es zu schwer, sollte eine Anpassung überlegt werden. Es könnte aber auch bedeuten, dass unsere Maßnahmen nicht zum gewünschten Erfolg geführt haben und angepasst werden müssen.

Es erscheint sinnvoll, solche Ziele für einen angemessenen Zeitraum zu formulieren. Je größer der angepeilte Zeitraum ist, desto schwieriger wird die Formulierung von konkreten Zielen, da die Zahl der beeinflussenden Variablen größer wird. Ist der Zeitraum jedoch zu kurz gewählt, desto eher werden Teilhabeziele zu Einzelzielen, die Maßnahmen beschreiben.

Beispiele:

Ein relatives Ziel:

> *„Frida soll sich bei motorischen Angeboten häufiger beteiligen."*

Wird zu:

> *„In der Kita ist Frida bei motorischen Angeboten von Anfang an aktiv dabei."*

Ein relatives Ziel:

> *„Marie stellt sich in Konfliktsituationen den anderen Kindern selbstbewusster gegenüber."*

Wird zu:

> *„In Konfliktsituationen bleibt Marie in der Situation und vertritt ihre Argumente."*

4.3.5 Bitte denken Sie nicht an einen rosa Elefanten

Im Alltag neigen wir schnell dazu, Dinge zu formulieren, die jemand **nicht** tun soll. In unserer aktiven Kommunikation wird dadurch der Fokus auf das gelenkt, was eigentlich vermieden werden sollte. Das plakative Beispiel

> *„Bitte denken Sie* ***nicht*** *an einen rosa Elefanten!“,*

ist jedem bekannt. Sobald vom rosa Elefanten gesprochen wurde, taucht dieser vor dem inneren Auge auf.

Bezieht sich ein Teilhabeziel auf etwas, was in Zukunft vermieden werden soll, so fokussieren wir uns mit der Formulierung des „Nichttuns“ immer auf genau das, was nicht mehr geschehen soll. Stattdessen wäre ein Fokus auf ein zukünftig gewünschtes Verhalten die bessere Variante.

Es macht also Sinn, Verneinungen zu vermeiden und den Fokus darauf zu setzen, dass etwas **aktiv** getan werden soll.

Die Formulierung

> *„Tom schlägt nicht!“,*

wird ersetzt durch:

> *„Tom verhält sich den anderen Kindern gegenüber angemessen und wahrt die nötige Distanz!“*

Besondere Aufmerksamkeit sollte auf versteckten Negationen liegen. Nicht immer ist sofort offensichtlich, dass es sich hier um eine Negation handelt.

> *„Tom verlässt die Psychomotorikstunde, ohne einen Wutanfall zu bekommen!“*

Dieses Ziel fokussiert den Wutanfall, der eigentlich zukünftig vermieden werden sollte. Eine glücklichere Formulierung wäre:

„Tom verlässt die Psychomotorikstunde und bleibt dabei ruhig!"

Weitere Beispiele:

„Cem veranstaltet beim Händewaschen keine Wasserschlacht.",

versus

„Cem wäscht sich die Hände und verlässt den Waschplatz angemessen ordentlich.".

„Juri steht während der Busfahrt nicht mehr auf.",

versus

„Juri bleibt während der Busfahrt sitzen.".

„Zita fasst in der Essenssituation den anderen Kindern nicht mehr in den Teller.",

versus

„Zita bleibt in der Essenssituation auf ihrem eigenen Teller.".

4.3.6 Was macht denn eigentlich wirklich Sinn?

Ein zu erreichendes Ziel dient immer einem besonderen Zweck. Man möchte ein Ziel erreichen, um anschließend etwas zukünftig besser tun zu können oder auch negative Dinge nicht mehr zu zeigen. Um den jeweiligen Sinnbezug hervorzuheben, können Zwecksätze formuliert werden. Es wird beschrieben, wozu das Teilhabeziel dienen könnte. Ein Sinnbezug macht das Ziel für die beschriebene Person bedeutsamer und kann im jeweiligen Zusammenhang dazu beitragen, passendere Maßnahmen zur Zielerreichung zu finden.

Beispiel:

> *„Fridolin (Verdacht auf Autismusspektrumstörung, 14 Jahre) nimmt an einer Nachmittagssportgruppe teil,* ***damit er sich in einer altersentsprechenden Peer-Group austauschen kann****."*

Hier ist es vielleicht Fridolins eigener Wunsch, Freunde zu finden, gleichzeitig wird dies auch als ein sinnvolles pädagogisches Ziel eingeschätzt. Die Nachmittagssportgruppe dient also nicht unbedingt dazu, sich sportlich zu betätigen, sondern die altersgemäße Teilhabe an einer Peer-Group zu unterstützen.

4.4 Wer ist noch dabei? Von der Notwendigkeit, die Umweltaspekte ins Visier zu nehmen

Es gibt eine wachsende Anzahl an Untersuchungen, die eine Interventionsplanung für Teilhabeziele nur dann als sinnvoll betrachten, wenn das engere Umfeld des Kindes einbezogen ist. Zuckriegl (2010), Höllbacher und Kerschbaumer (2015) und Mahoney und Wiggers (2007) kommen in ihren Untersuchungen zu dem Schluss, dass es abhängig vom Alter des Kindes ist, wie notwendig die Einbindung der direkten Bezugspersonen ist. Einig sind sie sich in der Aussage:

Je kleiner das Kind ist, desto eher sind Interventionen immer auch Elternangebote.

Nur die gemeinsame Arbeit mit den Eltern bringt langfristige Veränderungen mit sich (vgl. Mahoney, 2012). Für die Maßnahmenplanung bedeutet dies die notwendige Einbeziehung von Umweltaspekten aller Art.

Dabei können sich Umweltaspekte direkt auf das Kind auswirken, aber immer auch indirekt, indem sie zum Beispiel Bedingungen schaffen, die sich auf die Familie als Ganzes auswirken und damit eher indirekt auf das Kind wirken, wie zum Beispiel kulturbedingte Einstellungen der Eltern.

Beispiele:

„Lara benutzt auf dem Spielplatz selbstständig die Rutsche."

Laras Mutter zeigt einen sehr ängstlichen, überbehütenden Erziehungsstil, der ihre Tochter in ihrer Entwicklung bremst. Neben wahrscheinlich anderen Zielen in der Maßnahmenplanung für Laras Unterstützung ist die Betrachtung der Mutter-Tochter-Beziehung wesentlich. Der Erziehungsstil bremst Entwicklung in der Lebenswelt „häusliche Umgebung".

„Die Eltern von Konstantin (Rollstuhlfahrer) suchen eine Wohnung im Erdgeschoss, damit ihr Sohn das Haus selbstständig verlassen kann."

Dieser Umweltaspekt bezieht sich auf die materielle Umwelt (e1). Die Eltern benötigen die Bereitschaft dazu, ihren Wohnort zu wechseln, und sie brauchen die finanziellen Ressourcen, um einen Umzug und eine neue Wohnung bezahlen zu können. Gleichzeitig kann es auch um Einstellungen gehen (e4), zum Beispiel die Bereitschaft der Eltern, ihren Sohn überhaupt selbstständig werden zu lassen.

Wird also Konstantins Selbstständigkeit als Teilhabeziel festgeschrieben, so könnte dem sowohl die materielle Umwelt (e1), als auch die individuellen Einstellungen (e4) entgegenstehen. Dies müsste dann in der Maßnahmenplanung berücksichtigt werden, wenn dies als limitierender Faktor beurteilt würde.

„Die Eltern von Konstantin geben ihre Almarbeit auf und ziehen mit ihrem Sohn ins Tal, damit er als Rollstuhlfahrer selbstständiger werden kann."

In diesem, ganz ähnlichen Teilhabeziel geht es ebenfalls um die Selbstständigkeitsentwicklung Konstantins. Der einzige Unterschied ist, dass hier die „vom Menschen gestaltete und natürliche Umwelt" (e2) beschrieben ist. Hier ist nicht die Rede von limitierenden Treppen als Barriere für Selbstständigkeit. Hier geht es eher um schlecht befahrbare Wege und gefährliche Steigungen und Abhänge außerhalb des Hauses, die es Konstantin schwer machen, selbstständig zu werden. Diese Umwelt kann nicht oder nur schwer durch Hilfsmittel, wie Rampen oder Aufzüge verändert und so die Teilhabe erleichtert werden. Sie stellt damit eine bleibende Barriere, bezogen auf diesen Teilhabeaspekt, dar.

> *„Die Eltern akzeptieren die Beziehung ihrer Tochter Yasemin zu ihrem Freund Stefan."*

Das Teilhabeziel ist der Wunsch Yasemins nach einer akzeptierten Beziehung (e3) zu ihrem Freund Stefan. Die Beziehung selbst ist dabei nicht die Barriere, sondern die Einstellungen ihrer Eltern (e4), die diese Beziehung offensichtlich nicht akzeptieren wollen oder können. In diesem Fall sind die kulturellen Unterschiede und Einstellungen zu berücksichtigen.

> *„Nios Eltern (Persons of colour) ziehen mit ihrem Sohn in eine andere Wohngegend, um Anfeindungen aus dem Weg zu gehen."*

Auch in diesem Fall sind die Einstellungen (e4) als Teilhabebarriere zu werten. Offensichtlich lebt Nios Familie in einer Wohngegend, in der Menschen mit einer anderen Hautfarbe angefeindet und diskriminiert werden. Ein Umzug in eine andere Gegend könnte die Teilhabe erleichtern. Auch hier müssen die Bedingungen der materiellen Umwelt mit betrachtet werden: Gibt es bezahlbaren Wohnraum in einer anderen Wohngegend?

4.5 Nochmal kurz und knapp: Zusammenfassung

Die Identifizierung und Formulierung von Teilhabezielen sei an dieser Stelle noch einmal in Abbildung 12 zusammengefasst. Hier sind die wichtigsten Punkte in Form eines Schaubildes dargestellt. Das kann im Prozess helfen, einen eigenen Ablauf zu etablieren und durch die Visualisierung die wesentlichen Punkte im Blick zu behalten.

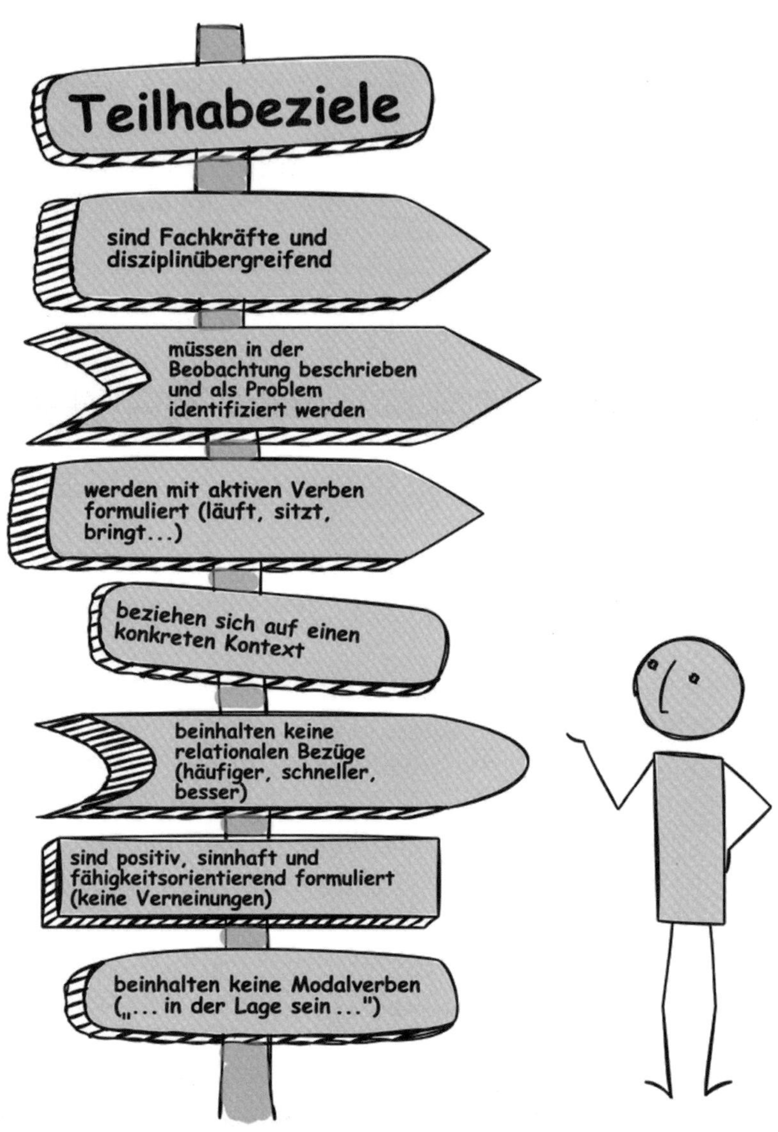

Abbildung 12: Formulierung von Teilhabezielen

Eine weitere hilfreiche Visualisierung ist der folgende Entscheidungsbaum (Abb. 13). Hier werden die einzelnen Schritte dargestellt, die notwendig sein können, bis relevante Teilhabeziele gefunden und beschrieben sind, sowie zum Finden einzelner möglicher Maßnahmen.

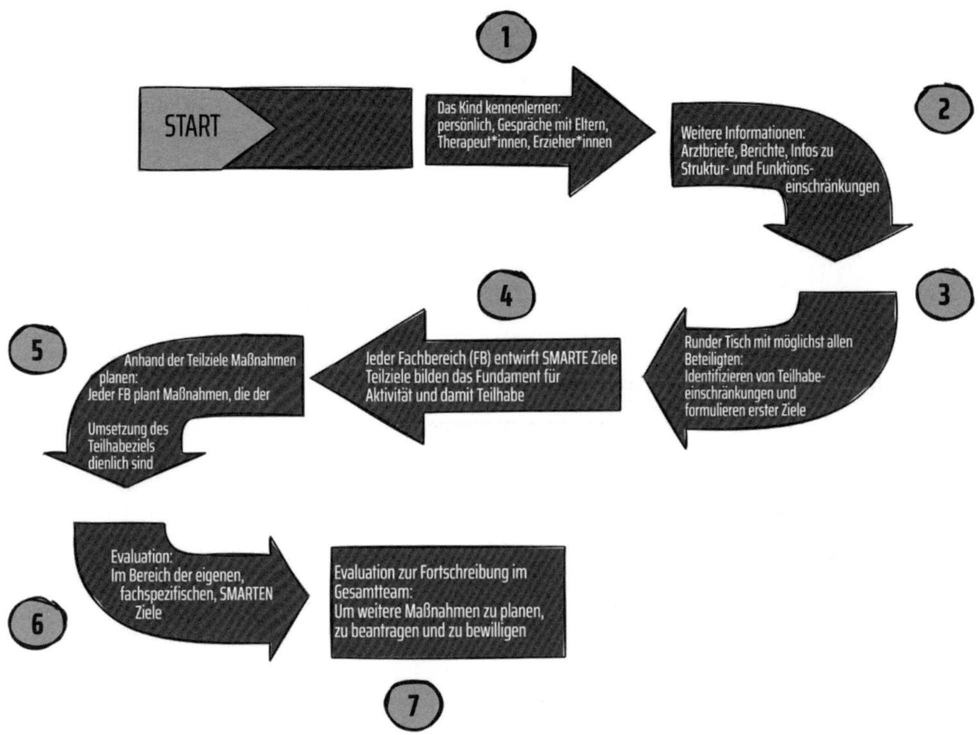

Abbildung 13: Mögliche Schritte zur Erstellung und zum Erreichen eines Teilhabeziels

4.6 Teilhabeziele aus unterschiedlichen Blickwinkeln

An dieser Stelle sei ein kurzer Exkurs erlaubt:

Was nicht vergessen werden darf, ist, dass trotz der Allgemeingültigkeit der ICF für alle möglichen Bereiche der Teilhabeunterstützung, die Blickwinkel und damit die Motivationslage der einzelnen Bereiche unterschiedlich sein kann. Das **große gemeinsame Ziel** ist die **Teilhabeunterstützung des Kindes** oder der Klient*in. Ich unterstelle an dieser Stelle aber dennoch, dass hier unterschiedlich gehandelt wird, bzw. gehandelt werden muss. Der gemeinsame Fokus aller an der Planung und Umsetzung beteiligten Systeme ist die *bestmögliche Förderung des Kindes, bzw. der Klient*in*. Die jetzt folgende Auflistung der möglichen verschiedenen Blickwinkel hat keinen Anspruch auf Vollständigkeit, soll aber verdeutlichen, dass es durchaus zu einem Dilemma kommen kann, je nachdem, wer Auftraggeber der Maßnahme ist, bzw. die Finanzierung übernimmt.

Aus Sicht der **finanzierenden Systeme** liegt der Fokus neben der bestmöglichen Förderung vielleicht auf

- einem *angemessenen Umfang*. Runde-Tisch-Gespräche und Absprachen kosten sehr viel Zeit, die bei den Fallverantwortlichen häufig sehr knapp bemessen ist. Eine gemeinsame Terminfindung ist nicht leicht und kann das Verfahren sehr in die Länge ziehen.

- der *Kostenkontrolle*. Maßnahmen werden in der Regel aus Steuergeldern finanziert. Diese öffentlichen Gelder obliegen einer besonderen Verantwortung und sind nicht unbegrenzt verfügbar. Insofern ist es manchmal ärgerlich, wenn Maßnahmen zunächst abgelehnt oder nicht in vollem Umfang bewilligt werden. Manchmal werden durch Einspruch oder neue Versuche Verfahren in die Länge gezogen und das Kind mit Förderbedarf hängt in der Warteschleife und damit auch die sozialen Systeme, Kindergärten oder Schulen. Diese Situationen sind häufig sehr belastend für alle Beteiligten.

- der Einhaltung der gesetzlichen Vorgaben.

Aus Sicht der **Kindertagesstätte oder Schule** liegt der weitere Fokus vielleicht auf

- der *Personalsituation*. Die Kindertagesstätten haben bereits jetzt mit einer dünner werdenden Personaldecke zu kämpfen. Dies ist unterschiedlichen Gründen geschuldet (Fachkräftemangel, hoher Krankenstand durch persönliche Belastungen am Arbeitsplatz aber auch durch gesetzliche Vorgaben). Eine gute Teilhabeunterstützung ist zeit- und personalabhängig und beides ist im Alltag selten unbegrenzt vorhanden. Die finanzierenden Systeme könnten für besonders personalintensive Fälle eine Einzelintegrationskraft zur Unterstützung bewilligen, diese sind aber häufig nicht verfügbar und ebenfalls nur schwer zu finden. Die Einarbeitung und Betreuung der Einzelfallhilfe benötigt wiederrum Zeit und Ressourcen im pädagogischen Team, damit Maßnahmen besprochen und reflektiert werden können.

- dem *zeitlichen Aufwand für runde Tische und Absprachen*. Wie eben beschrieben, ist die Zeit für diese Dinge im pädagogischen Alltag Mangelware und geht in der Realität oft zu Lasten der Kolleg*innen und der Betreuung der Kinder. Tatsächlich können diese Gespräche oft nur mit einem hohen persönlichen Engagement und kreativer Gestaltung ermöglicht werden. Das Nichtzustandekommen durch Zeit- oder Personalmangel bedeutet einen hohen qualitativen Verlust, der ebenfalls wieder eine persönliche Belastung für die*den einzelne*n Mitarbeiter*in darstellt.

Aus Sicht der **medizinisch-therapeutischen Unterstützung** liegt der weitere Fokus vielleicht auf

- der *Unterstützung im pädagogischen Alltag*: Der*die Therapeut*in benötigt Zeitfenster für die Beratung von Pädagog*innen, Einzelintegrationskräften oder Eltern. Vor allem, wenn konkrete Hilfen ein- und umgesetzt werden sollen, wie etwa die Einführung eines spezifischen, persönlichen Hilfsmittels, wie zum Beispiel ein Sprachcomputers. Diese Zeiten sind in der Regel eher limitiert, wenn auf Rezeptbasis gearbeitet wird. Eine vernünftige Umsetzung benötigt ein hohes persönliches Engagement. Ein Verzicht oder eine Limitierung dieser Beratungsangebote bedeutet einen großen Verlust von Qualität und schmälert möglicherweise den Effekt eines eingesetzten Hilfsmittels.

- der *Finanzierung der Tätigkeit*. Wie beschrieben sind im therapeutischen Alltag gar nicht alle benötigten Unterstützungsmöglichkeiten auf Rezeptbasis abrechenbar. Die*der Therapeut*in muss sich auf die Suche nach alternativen Finanzierungsmöglichkeiten machen, wenn nicht auf Einnahmen verzichten werden soll.

- der *Legitimation der Tätigkeit*. Wenn ein*e Therapeut*in teilhabebasiert arbeitet, wird er*sie immer wieder in Situationen kommen, in denen die Tätigkeit gerechtfertigt werden muss. Zum Beispiel ist, zumindest im physiotherapeutischen Bereich, die Beratung in einer Schule keine Kassenleistung. Dies kann aber im Rahmen einer teilhabebasierten Therapie notwendig werden und stellt möglicherweise ein Dilemma dar, welches kreativ angegangen werden muss.

- den *SMARTen Zielen auf der Basis des gemeinsam vereinbarten Teilhabeziels*. Die daraus folgende Maßnahmenplanung unterstützt die Teilhabeverbesserung fundamental und ist damit elementar für den Erfolg.

Aus Sicht der **Eltern** liegt der weitere Fokus vielleicht auf

- der *Erleichterung des Alltags mit dem Kind*. Die Formulierung des Teilhabeziels hat vor allem die kindliche Entwicklung und dessen gesellschaftliche Teilhabe im Blick. Aber auch das Zusammenleben der Familie, also der Blick auf das System Familie ist elementar für die weitere Entwicklung zu sehen. Für die an der Teilhabeplanung beteiligten Parteien ist es nicht leicht, wenn Wünsche und Ideen an dieser Stelle auseinandergehen und nicht zusammenpassen. Unterschiedliche Lebensentwürfe und ein unterschiedliches Verständnis von Zukunft sind an dieser Stelle zu akzeptieren und respektvoll zu berücksichtigen. Eine Umsetzung sollte nicht verweigert werden, ist dann aber möglicherweise nur eingeschränkt möglich.

- dem *Mitspracherecht in der Ausgestaltung der Maßnahmen*. Dies ist etwas, an das Eltern sich oft erst gewöhnen müssen, da es für die meisten ein eher ungewohntes Gefühl darstellt und vielleicht auch (noch) mit Ängsten verbunden ist: „Ich werde als Expert*in gefragt und ernstgenommen! Ich muss meine Ideen vor einer Gruppe verbalisieren!“ Diese neue Aufgabe kann vielleicht nicht von Anfang an gut ausgeführt werden und benötigt eine sensible Begleitung.

Was die Darstellung dieser unterschiedlichen Sichtweisen zeigt, ist, dass ein gegenseitiges Verständnis für die jeweiligen besonderen Ausgangslagen gefordert ist. Ein Blick auf der Metaebene könnte helfen, nicht sofort von einer grundsätzlichen, negativen Einstellung gegenüber dem Fall auszugehen, sondern sich die Interessenslage der jeweiligen Partei vor Augen zu führen. Das Ergebnis der Gespräche wird häufig nur ein Kompromiss sein, der nicht alle Parteien gleichberechtigt berücksichtigen wird.

Und auch hier gilt: Das Verfahren, die Beschäftigung mit der Thematik und der Umgang mit Lösungsversuchen ist für alle Beteiligten Neuland und wird erst mit der zunehmenden Erfahrung reifen.

5. Unterschiedliche Bundesländer – unterschiedliche Verfahren

In der Bundesrepublik Deutschland hat jedes einzelne Bundesland ein eigenes Verfahren entwickelt, um die Teilhabebedarfe festzustellen, Maßnahmen zu planen und Grundlagen für Finanzierungen zu schaffen. Es erscheint an dieser Stelle nicht sinnvoll, die einzelnen Verfahren aufzulisten und vorzustellen. Hier wird es notwendig sein, sich entsprechend dem Bundesland, in dem man selbst tätig ist, zu informieren und fortzubilden.

Beispielhaft ist hier das „Individuelle Gesamtplanverfahren" (IBE) aus Rheinland-Pfalz vorzustellen, welches unter folgendem Link auf der Seite des Ministeriums für Arbeit, Soziales, Transformation und Digitales einzusehen ist:

https://mastd.rlp.de/de/unsere-themen/soziale-sicherung/sozialhilfe/gesamt-und-teilhabeplanung/.

Hier wird versucht, zunächst durch ein **individuelles Anschreiben** an die Eltern eine Arbeitsbeziehung aufzubauen. Mit dem **Vorerhebungsbogen** werden die Eltern und/oder Kinder gebeten, aus der Sicht des Kindes ihre Wünsche und Vorstellungen festzuhalten. Auf dem **Mantelbogen** werden wichtige Daten zur leistungsberechtigten Person erfasst, sowie Angaben zur Beeinträchtigung, zum Pflegegrad und zur gesundheitlichen Situation. Außerdem werden die Leistungen anderer Rehabilitationsträger aufgelistet.

Der nächste Teil ist der **Bogen zur Erfassung des Teilhabebedarfs**. Dieser orientiert sich an den uns bereits bekannten neun Lebensbereichen. Dieses Instrument trennt nicht zwischen Aktivität und Teilhabe. Ziel ist es herauszuarbeiten, mit welcher Unterstützung der Eingliederungshilfe eine Teilhabe erreicht werden kann. Der letzte Teil ist die **fachliche Beurteilung** des Ganzen und die Benennung von möglichen Zielen.

Auf dem **Ergebnisbogen mit der Teilhabevereinbarung** werden die möglichen Ziele priorisiert und Maßnahmen erörtert.

Hier, wie in den anderen Bundesländern ähnlich, wurde versucht, die Wünsche und Ideen der Klient*innen zu berücksichtigen. Diese Instrumente sind allesamt noch recht neu und es wird sich zeigen, ob die Arbeit damit den Zweck erfüllt und die Grundidee der ICF ausreichend umsetzen kann.

6. ICF – Chancen und Perspektiven

Die ICF ist sicher nicht die ultimative Lösung aller gesellschaftlichen oder individuellen Probleme. Durch die dahinterstehende Haltung wird der Blick auf Beeinträchtigung, Individualität und gesellschaftliche Teilhabe verändert. Das Aufdecken von beeinflussenden Umweltfaktoren zeigt behindernde Aspekte unseres Zusammenlebens auf und benennt die Notwendigkeit des Zusammenarbeitens aller an Gesellschaft beteiligten Personen.

Natürlich wird das Benennen von Missständen oder das Formulieren von Wünschen nicht automatisch eine Veränderung nach sich ziehen, aber es kann Prozesse einleiten und langfristig das Bewusstsein verändern. Diese Prozesse brauchen Zeit und es wird vermutlich lange dauern, bis sich die Haltung der Gesellschaft so verändert hat, dass Menschen mit Beeinträchtigungen dies auch konstant spüren können. Bis dahin wird es eine Phase der Kompromisse brauchen.

6.1 Kompromisse – Leben und leben lassen

Stellen wir bei einem Menschen mit Beeinträchtigung eine Teilhabeeinschränkung fest, so haben wir mehrere Möglichkeiten im Umgang damit:

1. Der Mensch mit Beeinträchtigung muss sich an bestehende gesellschaftliche Normen anpassen, damit ein Zusammenleben funktioniert.

Die Folge einer solchen Einstellung wäre, dass keine oder kaum Integration oder Inklusion stattfinden kann. Die Gesellschaft erwartet eine vollständige Anpassung desjenigen, der die bestehenden gesellschaftlichen Normen nicht erfüllen kann. Alle erwarteten notwendigen Veränderungen liegen allein auf Seite des Menschen mit Beeinträchtigung oder Teilhabewunsch.

2. Die Gesellschaft verhält sich so, dass ein Mensch mit jeglicher Art von Beeinträchtigung und Variation sich so entfalten kann, wie er oder sie es benötigt.

Dies wäre die andere Seite der extremen Möglichkeiten. Die Folge wäre, dass Gesellschaft, wie wir sie kennen, nicht mehr funktionieren kann. Reduziert auf eine Kindergartengruppe würde das bedeuten, dass möglicherweise die nicht beeinträchtigten Kinder durch den Verlust der bekannten Strukturen verunsichert wären und wiederum in ihrer eigenen Entwicklung beeinträchtigt werden könnten.

3. Die Gesellschaft passt sich so lange und so weit den Bedürfnissen des Menschen mit Beeinträchtigung an, bis dieser Verhaltensalternativen erlernt hat, die es ihm oder ihr ermöglichen, am gesellschaftlichen Leben teilzuhaben, ohne dass es dabei zu gravierenden Einschränkungen anderer Personen kommen muss.

Diese Anpassung darf das unbedingt notwendige Regelwerk für gemeinsames Miteinander nicht vollständig außer Kraft setzen. Menschen mit Beeinträchtigungen bekommen die Chance zur Teilhabe und können im Übungsfeld Verhaltensalternativen entwickeln. Gleichzeitig ist die Gesellschaft nicht gezwungen alle bekannten Strukturen aufzugeben.

Im einfachsten Fall handelt es sich um Dinge, die gesellschaftliche Anpassung verlangen, aber das Leben nicht unmöglich machen. Beispielhaft wäre hier zum Beispiel die Installation einer Rampe für Rollstuhlfahrer*innen zu nennen. So etwas beeinträchtigt unser bisher bekanntes gesellschaftliches Miteinander gar nicht. Für Rollstuhlfahrer*innen verändert sich das Leben aber möglicherweise elementar. Meist sind die Zusammenhänge aber komplexer.

Beispiel:

Ein Kind mit Autismusspektrumstörung (ASS) kommt in eine integrative Kita und hat dort große Schwierigkeiten, sich an Abläufe zu gewöhnen. Es bleibt im Stuhlkreis nicht sitzen, bleibt in der Schlafenszeit nicht ruhig und stört die anderen, schreit beim Essen, weil es nicht sitzen bleiben kann.

Das Beharren auf der Einhaltung der bestehenden Abläufe in der Kita für das Kind mit ASS würde eine komplette Anpassung vom Kind an bestehende Strukturen verlangen und ist in aller Regel nicht von heute auf morgen zu erreichen. Es würde eine belastende Zeit für alle in den Situationen beteiligten Personen bedeuten. Erzieher*innen, andere Kinder und das betreffende Kind selbst wären einer sehr anstrengenden Atmosphäre ausgesetzt, die die Entwicklung aller am Prozess beteiligten Personen hemmen könnte. Diese Variante würde langfristig eine Exklusion des Kindes in der Kindergartengruppe bedeuten.

Das andere Extrem würde eine völlige Änderung dieser Strukturen bedeuten, was eine Teilhabe des Kindes mit ASS im Kitaalltag ermöglichen könnte, aber die bekannten „gesellschaftlichen Strukturen" einreißen und möglicherweise andere Kinder verunsichern würde. Die Folge wäre ein Chaos, eine Art Anarchie und Abschaffung altbekannter Regeln.

Der mögliche Kompromiss wäre, die Strukturen in der Kita so lange zu verändern bzw. aufzuweichen, bis das Kind mit Hilfe von Therapie oder unterstützenden Personen, Verhaltensalternativen erlernt hat und/oder einzelne Situationen aushalten kann. Zum Beispiel müsste es nicht am Stuhlkreis teilnehmen, wenn die Tagesverfassung dies nicht erlaubt. Die Anwesenheitszeit im Stuhlkreis könnte flexibel gehandhabt und nach und nach ausgebaut werden. Weiterhin könnte es in der Ausruhsituation mit einer Person den Raum verlassen, um die anderen Kinder nicht zu stören. Parallel könnten Versuche unternommen werden, unter welchen Voraussetzungen es dem Kind möglich wäre, zumindest eine Weile an der Ausruhsituation teilzuhaben. Hier könnte besonderes Spielzeug (z. B. Kuscheltiere), besondere Körperpositionen oder auch weitere Hilfsmittel (z. B. Gewichtsdecken) ausprobiert werden.

Die temporäre Sonderrolle des Kindes ermöglicht eine stressarme Weiterführung des gewohnten Alltags für alle anderen Kinder und reduziert gleichzeitig den Stresslevel für das Kind mit Autismusspektrumstörung. Die zeitgebende Atmosphäre ohne das ständige Erleben von herausfordernden Situationen des Scheiterns, könnte eine günstige Lernbereitschaft beim Kind schaffen. Das Erlernen von Verhaltensalternativen wird in diesem geschützten Kontext durch die Unterstützung von Therapeuten oder Einzelintegrationskräften möglich, ohne dass die Förderung der nicht betroffenen Kinder dahinter zurückstehen muss.

Um solch günstige Fördersituationen zu schaffen, ist es nötig, ausreichend gut geschultes und begleitendes Personal zur Verfügung zu haben. Regelmäßige Fallsupervisionen können eine unterstützende Atmosphäre am Leben halten. Raum zum Austausch auf unterschiedlichen Ebenen und mit unterschiedlichen Personen bringt eine Ideenvielfalt für Lösungsansätze mit sich und kann die Maßnahmenplanung erleichtern.

All diese Kompromisse bedeuten ein Mehr an zeitlichen, personellen und damit finanziellen Ressourcen und können unter den derzeit herrschenden Voraussetzungen eher nicht oder nur sehr schwer umgesetzt werden.

7. Psychomotorik und Teilhabe

In der Psychomotorik können wir in besonderem Maße auf die Teilhabe von Kindern einwirken.

Psychomotorische Förderung bedeutet immer eine große Alltagsnähe über die Wahl der verwendeten Materialen und Spielthemen der Kinder. Dadurch können die neu erlernten Fähigkeiten oder Verhaltensalternativen in der jeweiligen Lebensumwelt ausprobiert, weiter geübt oder variiert und im besten Fall in das alltägliche Handlungsrepertoire übernommen werden.

Die Alltagsnähe ist gekennzeichnet durch verschiedene Aspekte – hier einige Beispiele:

7.1 Die Art des Materials – Wo Toilettenpapierrollen zu Raumschiffen werden

In der Psychomotorik werden häufig Materialien benutzt, die auch im Haushalt des Kindes gefunden werden können. Nicht selten nutzen wir Dinge wie Toilettenpapierrollen, Zeitungspapier, Schwämme, Wäscheklammern, Seile und vieles anderes mehr. Der Fantasie der Fachkraft sind dabei (fast) keine Grenzen gesetzt. Durch die recht einfache Verfügbarkeit dieser Materialien haben die Kinder die Chance, begonnene Ideen zu Hause weiterzuspielen und weiterzuentwickeln. Die Kinder werden zum selbstständigen Ausprobieren angeregt, sie können einen kreativen Umgang ausprobieren, indem sie die vorgefundenen Materialen symbolisch benutzen und in ihre eigenen Spielgeschichten einbauen.

Rückmeldungen sind immer körperlich, niemals nur theoretisch: Ich erfahre oder begreife das Material und den Umgang damit physisch, sensorisch und emotional. Wenn ich zum Beispiel auf eine Toilettenpapierrolle trete, so wird diese kaputtgehen. Das kann Spaß machen und zum Sinn meines Spiels werden. Danach ist die zerstörte Rolle aber nicht mehr für andere Dinge, zum Beispiel zum Bauen nutzbar. Dieses Dilemma oder Problem muss ich lösen. Wenn ich bauen will, muss ich mich regulieren und meinen Drang, auf die Rollen zu treten, unterdrücken. Die Fachkraft hat an dieser Stelle die Aufgabe, den Prozess zu begleiten und unterstützend zur Seite zu stehen. Möglicherweise kann es Sinn machen, dem Kind rechtzeitig klarzumachen, dass es nicht mehr bauen kann, wenn alle Rollen zerstört sind. Möglicherweise macht es auch Sinn, das Kind diese „Trauer“ erleben zu lassen und das Ganze sensibel zu begleiten. Das kommt immer auf das Kind selbst und die Situation sowie das Förderziel (Teilhabeziel) an.

Auch im Zusammenspiel in der Gruppe kann so ein simples Material, wie eine Toilettenpapierrolle Lernprozesse in Gang setzen. Es wird häufig vorkommen, dass ein Teil der Gruppe Spaß daran hat, die Rollen zu zerstören, umzuwerfen oder anderweitig motorisch damit zu interagieren. Ein anderer Teil könnte vielleicht damit bauen wollen. Hier wird eine Abstimmung nötig: Wie teilen wir die Rollen auf, damit alle glücklich werden? Welche Regeln werden benötigt und was passiert, wenn diese Regeln nicht eingehalten werden? Gerade diese Abstimmung in einer begleiteten Situation braucht Regulationsprozesse, die bei einigen Kindern im Alltag (noch) nicht abrufbar sind. Das Übungsfeld in der Kleingruppe mit allen spürbaren und besprochenen Konsequenzen birgt eine große Chance, das Erlebte in den Alltag zu übernehmen und langfristig Verhalten ändern, bzw. erweitern zu können.

Man könnte sagen, dass die Wahl des Materials die Art des Spiels beeinflussen kann und somit abhängig ist vom jeweiligen Förderziel. Zum Beispiel könnte für eine eher aktive, hypermotorische Gruppe von Kindern Material gewählt werden, welches eher einen vorsichtigen Umgang fordert. Das könnte das Tempo aus der Gruppe nehmen. Ist mein Ziel die Kooperation in der Gruppe, wähle ich Material, welches nur zusammen gut bewältigt werden kann (zum Beispiel sehr schwere Dinge oder Dinge, die festgehalten werden müssen, wenn man sie benutzen möchte). Geht es darum, das gegenseitige Abwechseln und Abwarten zu fördern, könnte Material unterstützen, welches nicht in ausreichender Zahl für alle zur Verfügung steht. Gleichzeitig müssen wir uns an dieser Stelle auf Diskussionen und Streitereien einstellen und Strategien im Hinterkopf haben, die die Lösung dieser Probleme unterstützen oder vielleicht die Wartezeit verkürzen.

Je besser ich eine Gruppe kenne, umso eher kann ich vorausahnen, wie sich der eine oder die andere verhalten wird und entsprechend kreativ handeln. Der reflexive Umgang mit dem Verhalten in der Gruppe und die Bereitschaft kreativ zu handeln ist vielleicht die wichtigste Voraussetzung für einen psychomotorisch tätigen Menschen.

Ein Beispiel:

In der Psychomotorikgruppe spielen die Kinder heute mit einer großen Menge unterschiedlicher Sprungbälle – landläufig Flummis genannt. Es gibt große und kleine Flummis, bunte oder einfarbige, runde oder eiförmige. Einige haben Buchstaben oder Zahlen aufgedruckt, andere Tierbilder oder glitzernde Sterne. Insgesamt sind es mehr als hundert. Die Kinder entwickeln ein Spiel, indem sie die Flummis immer wieder einsammeln, und anschließend wird der große Eimer über ihnen ausgekippt. *Anna* hat es dabei auf eine bestimmte Sorte Flummis abgesehen und sie erträgt es kaum, wenn ein anderes Kind diese Sorte in seinem Eimer sammelt. Sie beginnt zu weinen und ist regelrecht verzweifelt. Die Fachkraft versammelt die Gruppe und bespricht das Problem. Es kommt dabei heraus, dass jedes Kind seinen Favoriten hat und sie beschließen, dass jedes Kind nur noch eine Sorte Flummi sammelt und sie erst am Ende wieder alle zusammen in den großen Eimer kippen, um diesen dann erneut herabregnen und das Spiel von vorn beginnen zu lassen.

Die gemachte Erfahrung ist, dass man im gemeinsamen Gespräch Kompromisse finden kann, die eine Situation angenehmer erlebbar werden lässt. Annas als furchtbar erlebtes Gefühl, dass sie nicht alle geliebten Flummis besitzen kann, konnte so von allen verstanden werden. Die Gruppe konnte ihr zugestehen, dass diese Sorte Flummi nur von ihr gesammelt wird. Dafür wurde jedes andere Kind zu einer Art „Fachmann oder -frau“ für eine andere Sorte Ball und konnte so ganz nebenbei noch die Fähigkeit der selektiven Wahrnehmung und Kategorisierung üben.

Ein anderes Beispiel:

Phil ist sieben Jahre alt und ein motorisch eher ungeübtes, ungeschicktes Kind. In der Psychomtorikgruppe beteiligt er sich nicht an Bewegungsaktivitäten und kommentiert alles damit, dass es ihm zu „langweilig sei", er diesen „Babykram" schon kenne und sich mit so langweiligen Dingen nicht beschäftigen wolle. In den Stunden geht Phil in der Halle herum und kommentiert das Tun der anderen. Er weiß es immer besser und hat theoretische Tipps auf Lager oder macht das Tun der anderen lächerlich, selbst beteiligt er sich aber nie. Aus Gesprächen mit Phils Eltern und Lehrern weiß die psychomotorische Fachkraft, dass Phil mit Scheitern oder schlechten Leistungen überhaupt nicht zurechtkommt, regelmäßig ausflippt und anderen die Schuld für seinen Misserfolg gibt. Mit diesem Wissen fragt die Fachkraft, ob Phil Lust hätte, die heutige Stunde als Reporter zu begleiten. Phil bekommt einen Tabletcomputer als Kamera und am Ende der Stunde werden einige Bilder ausgedruckt und aufgeklebt. So entsteht in den nächsten Einheiten eine Art Wandzeitung und Phil kann seine Kommentare positiv in das Geschehen integrieren. Über dieses Medium kommt er nach und nach in der Gruppe an und wird positiver wahrgenommen, bis er es schließlich sogar schafft selbst teilzunehmen und sein Bewegungsrepertoire zu erweitern.

Hypothetisch könnte Phils Verhalten als Versuch, von seinen eigenen Unzulänglichkeiten abzulenken, interpretiert werden. Das Erleben, dass sein kommentierendes Verhalten auch positiv in einem Gruppenkontext wahrgenommen wird, könnte sein Selbstwertgefühl stärken und eine positive Entwicklung bewirken. Über den positiven Kontakt zu den anderen Kindern, könnte Phil sich nach und nach trauen, auch aktiv ins Geschehen einzusteigen. Diese psychomotorische Fördersituation wird, wenn sie häufiger erlebt wird, auch langfristig Phils Selbstkonzept positiv verändern und damit einen direkten Einfluss auf seine Gesamtentwicklung haben (vgl. Zimmer, 2019).

7.2 Fördersituationen, die der Lebensumwelt der Kinder entsprechen: in meiner Welt kann ich fliegen

Kinder spielen häufig Themen, die sie auch in ihrem Alltag berühren. Manchmal sind es Fernsehsendungen oder begonnene Spiele aus anderen sozialen Gruppen. Manchmal sind es aber auch Konfliktsituationen und sie agieren vielleicht so, wie sie es im Alltag nicht tun würden.

Beispiel:

Fritz ist fünf Jahre alt und ein ehemaliges extrem frühgeborenes Kind (23+6). Neben einem deutlichen motorischen Entwicklungsrückstand ist Fritz gegenüber gleichaltrigen Kindern eher unsicher und ängstlich. Fritz liebt es, in der Psychomotorik-Gruppe einen „gefährlichen Zombie“ zu spielen, der, im ständigen körperlichen Kontakt mit mir, die anderen Kinder anknurrt und selbstbewusst verkündet, er sein ein „ganz gefährlicher Zombie“. Die anderen Kinder spielen mit, indem sie laut schreiend „ängstlich“ davonlaufen, und Fritz versucht sie mit meiner Hilfe zu fangen.

Eine mögliche Interpretation von Fritz Verhalten wäre, dass er sich seiner Unterlegenheit bewusst ist und in dem geschützten Rahmen ein selbstbewussteres, starkes Auftreten üben und erfahren kann. Das Zulassen und die ständige Wiederholung dieses Spiels könnten dazu führen, dass Fritz sich auch in seinem Alltag sicherer und selbstbewusster fühlen kann. Er erlebt sich als selbstwirksam dadurch, dass die anderen Kinder genau das tun, was man in dieser Situation von ihnen erwarten würde – sie flüchten vor einem gefährlichen Wesen. Auch wenn diese Situation nicht der Realität entspricht, stellt sie doch eine stellvertretende Erfahrung für Fritz dar. Fritz ausreichende, kognitive Entwicklung erlaubt ihm, diese fiktive, geschützte Spielsituation von der Realität zu unterscheiden.

Ein anderes Beispiel:

Die Kinder *Tom, Julia* und *Kai* spielen zusammen auf der Brettschaukel. Sie überlegen sich eine Spielsituation, in der sie sich in einem Boot auf dem Meer befinden. Tom, der häufig mit seinem Vater angeln geht, verlangt nach Seilen, um Fische aus dem Meer zu angeln, damit sie nicht hungrig sind.

Julia, deren Vater Elektriker ist und gerade in ihrem neu gebauten Haus die Verkabelung gemacht hat, stellt fest, dass die elektrische Versorgung auf dem Boot defekt ist. Sie benutzt die Seile, um das Boot neu zu verkabeln.

Dieses Beispiel zeigt, dass sowohl das Material in ein und demselben Spiel unterschiedlich genutzt werden kann als auch, dass die Lebensumwelten der Kinder Einfluss auf die Themen und die Ideen haben. Ohne den Einfluss von Julias Vater, wären die Kinder vielleicht nicht auf die Idee gekommen, die Elektrik des Bootes zu überprüfen. Ganz nebenbei haben sie in dieser Stunde ausdauernd das Knotenmachen geübt, um die Elektroleitungen miteinander zu verbinden.

Gleichzeitig mussten die Kinder aushandeln, was sie mit den Seilen tun wollen. Angeln? Oder lieber die Elektrik sicherstellen? Oder geht auch beides? Oder gibt es noch ganz andere Möglichkeiten?

Erinnern wir uns noch einmal an *Tom*, den Jungen mit ASS, der immer sehr ungehalten reagiert, wenn etwas nicht so passiert, wie er es sich vorgestellt hat. Im Rahmen einer psychomotorischen Kleingruppe könnten Verhaltensalternativen ausprobiert und geübt werden, wenn Tom zum Beispiel abwarten muss, bis er an der Reihe ist oder wenn er ein gewünschtes Material nicht bekommen kann. Im geschützten Übungsfeld können diese Dinge ausprobiert und geübt werden. Im Rahmen der gemeinsamen Gespräche mit allen Beteiligten kann das neue Wissen dann geteilt und vielleicht auch im Alltag gut begleitet werden, bis es sich auch hier etabliert hat. Die Psychomotorikgruppe könnte so als eine Art Miniaturausgabe der Lebenswelt Kita verstanden werden und direkt zum Erreichen der Teilhabeziele beitragen. Hier können Verhaltensweisen erprobt werden, ohne dass die gesamte Kitagruppe involviert ist.

7.3 Förderung in einer Gruppe: Zusammen ist man weniger allein

Nachweislich ist eine Gruppe für Lernsituationen förderlich, und das in vielfältiger Hinsicht. Die Gruppe dient dem „Lernen am Modell“: Was machen die anderen? Wie machen es die anderen? Ich kann auch erstmal nur zuschauen, wenn ich mich selbst vielleicht noch nicht traue, etwas selbst zu tun (vgl. Mandl & Friedrich, 2005, Kiesel & Koch, 2012).

Die Gruppe gibt Rückmeldung über das, was ich tue. Das kann positiv-bewundernd („Toll gemacht“) oder auch negativ-abwertend sein („Warum hast Du das kaputt gemacht?"). In beiden Fällen erhält das Kind eine unmittelbare Rückmeldung zum eigenen Verhalten, was sich stets förderlich auf die Entwicklung des Selbstkonzepts auswirkt. Die Fachkraft hat an dieser Stelle die Aufgabe, das Ganze reflektierend zu begleiten und kindgerecht zu verbalisieren.

Das Agieren in der Gruppe bietet vielfältige Erfahrungsmöglichkeiten, die später auf das Handeln in anderen Gruppen übertragen werden können. Diese Erfahrungen im psychomotorischen Kontext passieren unter Supervision und können reflexiv verarbeitet werden. Ein Effekt könnte sein, dass Kinder dann auch in der Realität sicherer agieren und sich erinnern, dass ein bestimmtes Verhalten sozial eher unerwünscht ist oder sich schlichtweg besser angefühlt hat.

Ganz nebenbei hat bereits die reine Beobachtung einer Tätigkeit bei einer anderen Person direkte Auswirkungen auf das Gehirn der beobachtenden Person. Bei der Beobachtung einer Tätigkeit sind dieselben Hirnareale aktiv, als würde man die Tätigkeit selbst ausführen. Es gibt also einen direkten Trainingseffekt, selbst wenn ich selbst nicht an einer Aktion beteiligt und nur Beobachtender bin (vgl. Ditter, 2010).

Ein wesentliches Prinzip in der Psychomotorik ist die Freiwilligkeit. Ich kann mich an Aktionen beteiligen, werde aber nicht gezwungen, etwas zu tun. Durch die freie Entscheidung der Art meiner Beteiligung ist mein Handeln immer direkt mit meiner eigenen Person verknüpft. Ein Erfolg oder Misserfolg wird so zu einer positiven Entwicklung eines realistischen Selbstkonzepts beitragen können.

7.4 Vielfältige Rückmeldungen: Von blauen Flecken und Medaillen

Rückmeldung ist ein wesentlicher Bestandteil für die Ausbildung des Selbstkonzepts. Die Rückmeldung hilft uns, ein realistisches Bild davon zu entwickeln, was wir können und was wir uns in Zukunft sicher zutrauen können. Das Selbstkonzept (vgl. Shavelson et al., 1976) ist ein hierarchisch organisiertes System, welches sich lebenslang weiterentwickelt und unser Handeln und unsere Psyche wesentlich beeinflussen kann. Die Entwicklung eines positiven Selbstkonzepts (im Sinne von: „Ich schaffe das!") ist ein wesentliches Förderziel in der Psychomotorik und essenziell für viele weitere Entwicklungsschritte (vgl. Stiller & Alfermann, 2015).

In psychomotorischen Fördersituationen haben wir vielfältige Rückmeldungsmöglichkeiten. Wie eben beschrieben ist die Gruppe ein Quell für Rückmeldungen von außen. Je älter Kinder werden, umso wichtiger ist die Rückmeldung aus der Peer-Group. Allein durch das dabei Zusehen, wie andere Kinder etwas tun oder sich in bestimmten Situationen verhalten, kann man Potenziale in Hirnarealen (fMRT) beobachten (vgl. Dettmers & Nedelko, 2011). Diese Potenziale können langfristig Handlungen im Alltag verändern und das Beobachtete bietet dem Kind Variationen an, die es ausprobieren kann.

Auch die Fachkraft gibt Rückmeldungen, indem sie oder er verbalisiert, was das Kind gerade tut, Situationen hervorhebt, lobt, bremst, warnt, ermuntert etc. Manchmal reicht die Mimik oder eine bestätigende Geste, um ein zweifelndes Kind zu ermuntern, etwas zu tun oder ein anderes davon abzuhalten, etwas Unerwünschtes auszuprobieren.

Bei Kindern, die kognitiv dazu in der Lage sind, bietet es sich immer an, am Ende der Stunde noch einmal mit allen gemeinsam zu besprechen, was heute passiert ist. Kinder werden dazu ermuntert, selbst zu äußern, was ihnen gut gefallen hat und was nicht so schön war. Die Fachkraft kann dann einzelne Leistungen noch einmal hervorheben, vor allem dann, wenn diese vom Kind selbst vielleicht nicht wahrgenommen wurden oder es sich nicht traut, diese zu erwähnen. Für manche Gruppen kann es hilfreich sein, zwischendurch Fotos von einzelnen Situationen zu machen und diese am Ende gemeinsam zu besprechen. Relativ unaufwändig ist das Ganze mit Hilfe eines Tablets, da hiermit Fotos gemacht und diese anschließend auf demselben Gerät betrachtet werden können. Trotzdem bedeutet es einen nicht unerheblichen Mehraufwand, der abgewogen gehört.

Die vielleicht wichtigste Rückmeldungsquelle ist der eigene Körper. Sensorische Eindrücke sind unmittelbar spürbar und können direkt mit der Situation verknüpft werden. Besonders eindrücklich wird das Ganze, wenn gleichzeitig eine Rückmeldung aus der Gruppe oder durch die Fachkraft erfolgt. Es fühlt sich großartig an, wenn man etwas das erste Mal erfolgreich geschafft hat. Das Gefühl wird aber umso schöner und intensiver, wenn der Erfolg von anderen bemerkt und bejubelt wird. Man muss sicher nicht jede Kleinigkeit beloben, aber würde man im Verlauf einer Stunde eine Strichliste für Lob und Ermahnung führen, so käme die Lobseite in der Regel eher schlechter weg. Und für manche Kinder wird der eigene Erfolg erst wirklich spürbar, wenn er auch von außen gesehen und bemerkt wird. Wir können oft einen Ort im Körper beschreiben, wo wir bestimmte Emotionen wahrnehmen (vgl. Fuchs, 2014), und dieses lokalisierte Gefühl ergibt sich aus gemachten positiven und negativen Erfahrungen. Das Erinnern an diese Erfahrungen ist also immer auch körperlich verknüpft, bietet eine weitere Chance für synaptische Erweiterungen und erhöht die Wahrscheinlichkeit, sich in entsprechenden Situationen ähnlich zu verhalten.

Generell ist das sensorische Körpergedächtnis sehr mächtig. Wir erinnern uns an ein Gefühl, wenn uns eine Situation besonders stolz oder aber besonders traurig gemacht oder uns beschämt hat. Dieser Macht sollten wir uns unbedingt bewusst sein. Denn so positiv ein gutes Gefühl abgespeichert wird, so lauter hallt vielleicht ein negatives nach. Das kann in Situationen in Ordnung sein, in denen ein Kind verstehen soll, dass bestimmte Verhaltensweisen nicht erwünscht sind und sozial nicht gut ankommen. Genauso laut hallt aber auch das beschämende Gefühl nach, wenn eine Situation nicht bewältigt wird, und das vielleicht mehrfach oder immer wieder. Vielleicht erinnert sich die eine oder der andere an dieser Stelle an Situationen aus dem eigenen Sportunterricht, wenn man genau wusste, man wird den aufgebauten Bock nicht überspringen können. Vielleicht war man sich aufgrund der im Vorfeld vielfach gescheiterten Situationen sicher, dass man die Aufgabe nicht schaffen könne. Die Zweifel waren vielleicht so groß, dass man zögerlich anlief und viel zu schwach absprang – natürlich mit dem Effekt, es dann tatsächlich nicht zu schaffen. Dieses Gefühl verstärkt ein negatives Selbstkonzept. Auf jeden Fall für den Bereich des Bocksprungs, aber vielleicht sogar für den gesamten sportlichen Bereich.

Eine andere beschämende Situation, die wahrscheinlich Menschen kennen, die sich selbst als unsportlich bezeichnen würden, ist die Wahl der Mitspieler in die jeweiligen Teams, so wie es häufig im Sportunterricht praktiziert wurde. Zwei Teamkapitäne - meist die zwei besten Spieler der Klasse - durften sich abwechselnd Spieler für ihr Team auswählen. Jede*r aus der Klasse wusste bereits im Vorfeld, welche Schüler*innen am Ende noch auf der Bank sitzen würden. Auch dieses beschämende, peinliche Gefühl bleibt haften und wird hier noch zusätzlich durch die soziale Bestätigung bestärkt: „Jede*r aus der Klasse weiß, dass ich schlecht im „Volleyball" bin ..." Diese Erfahrungen, vor allem, wenn sie mehrfach gemacht werden, wirken sich im Sinne einer self-fulfilling-prophecy aus. In Extremfällen ergibt sich daraus eine „erlernte Hilflosigkeit" (vgl. Stiensmeier-Pelster, 2014) und das Kind oder der Mensch nimmt selbst Situationen, die eigentlich gut schaffbar wären als nicht bewältigbar wahr. Dieses Phänomen kann die langfristige Entstehung einer Depression begünstigen.

Solche Situationen gilt es in der Psychomotorik unbedingt zu vermeiden. Wir versuchen, Situationen anzubieten, die ein Gelingen möglich machen, indem es unterschiedliche Schwierigkeitsgrade oder sogar unterschiedliche Möglichkeiten zur Bewältigung gibt. Wir sind offen gegenüber eigenen, kreativen Ideen von Seiten der Kinder, so dass individuelle Lösungen möglich werden und das einzelne Kind die Erfahrung machen darf, dass es Probleme mit der eigenen Kreativität lösen kann. Und immer ist es möglich, dass das Kind selbst entscheidet, ob es an einer Aktion teilnehmen möchte oder nicht. Das bedeutet ein Gefühl von Selbstwirksamkeit: „Ich kann bestimmen, **was** ich tun und **wie** ich etwas tun möchte!"

Psychomotorik unterstützt die Entwicklung eines positiven Selbstkonzepts und könnte somit auch als Präventionsmaßnahme eingesetzt werden. Menschen mit einem positiven Selbstkonzept erkranken seltener an Depressionen und haben einen positiven Problembewältigungsstil (vgl. ebd.).

Ein Beispiel:

Anton ist 12 Jahre alt und ein schüchterner, zurückhaltender Junge. Seine soziale Unsicherheit macht es ihm schwer, in einer Peer-Group Anschluss zu finden. Seine Freizeit verbringt er überwiegend zu Hause, wo er gern in der Werkstatt seines Vaters bastelt oder am Computer spielt. Seine Eltern machen sich Sorgen und haben ihren Sohn bei einem Kinder- und Jugendpsychiater vorgestellt. Dieser hat die Teilnahme an einer Psychomotorikgruppe empfohlen.

Seit einigen Wochen besucht Anton nun eine Gruppe von insgesamt sechs Kindern zwischen 11 und 14 Jahren, die im nahegelegenen Wald stattfindet und erlebnispädagogische Inhalte hat.

Heute will die Gruppe einen Unterschlupf aus gefundenem Bruchholz bauen. Anton kann dabei mit seinen Bastelfertigkeiten und guten Ideen unterstützen. Er wird häufig um Rat gefragt und erlebt sich als kompetent und selbstwirksam. Kann er diese Erfahrung häufiger machen, besteht die Chance, dass er auch in seiner alltäglichen Lebenswelt sicherer wird.

Tarek ist fünf Jahre alt. Er ist ein ehemaliges extrem frühgeborenes Kind mit einem Geburtsgewicht unter 1000g. Er zeigt unterschiedliche, globale Entwicklungsschwierigkeiten, zum Beispiel im motorischen oder auch sprachlichen Bereich. In der Psychomotorikgruppe ist seit einigen Stunden das Springen von unterschiedlichen Höhen Thema. Tarek ist interessiert, traut sich aber häufig nicht so recht. Anfangs benötigt er beide Hände der Fachkraft bei jedem Sprung zu Unterstützung. Dann reicht irgendwann nur eine Hand und seit der letzten Stunde genügt ihm ein Finger, den die Fachkraft auf eine von ihm benannte Stelle legt. Nach einigen so getätigten Sprüngen aus recht großer Höhe, fragt ihn die Fachkraft, ob er es allein versuchen möchte. Tarek schaut zweifelnd, entschließt sich dann aber seufzend dazu, mutig zu sein. Er blickt der Fachkraft fest ins Gesicht und stürzt sich in die Tiefe. Unten angekommen, jubelt ihm die ganze Gruppe zu und Tarek verkündet strahlend: „Guck mal, ich hab‘s geschafft!“ Vor dem nächsten Sprung ruft er laut: „Ich schaff das!“

Dieses Beispiel zeigt die Wirkung auf das Selbstkonzept und die damit verbundene Selbstüberzeugung, die uns manchmal Dinge tun lässt, obwohl sie uns noch nicht so ganz geheuer sind.

7.5 Geschützte Atmosphäre: wenn ich mich sicher fühle, kann ich Drachen besiegen

In der Psychomotorik bieten wir den Kindern einen angenehmen Raum, mit viel Platz zum Ausprobieren. Die Kinder machen die Erfahrungen, dass sie Dinge ausprobieren können, ohne sofort eingeschränkt zu werden. Sie können ihre eigene Kreativität ausleben und es gilt meist „Probleme" zu lösen, für die es keine direkten Vorgaben gibt.

Wie komme ich zum Beispiel über den „reißenden Fluss mit den gefährlichen Krokodilen"? Ich kann ein Boot bauen, oder eine Brücke, ich kann mich darüber schwingen oder auch ganz mutig hindurch schwimmen. Es liegt am vorhandenen Material und an der Kreativität des Kindes, welcher Weg jeweils gewählt wird. Die Fachkraft kann unterstützen, indem sie Impulse gibt. Vielleicht Hinweise, die die Entwicklung einer eigenen Idee begünstigen. Manchmal ist mehr Hilfestellung nötig und manchmal kann man sich gänzlich zurücknehmen, da die Kinder die Handlungen allein bewältigen. Manchmal müssen einzelne Kinder gebremst werden, da sie ansonsten alle Handlungen allein bestimmen oder auch andere in ihrem Tun stören würden. Manchmal müssen sie ermutigt oder an die Hand genommen werden, um es auch einmal zu probieren.

In diesem geschützten Rahmen können Kinder auch Verhaltensalternativen oder Rollen ausprobieren, die sie sich im Alltag vielleicht nicht trauen würden (siehe Beispiel *Fritz*). Sie können sich Dinge von anderen Kindern abschauen oder auch verstehen, was vielleicht nicht gut funktioniert oder sozial nicht gut angesehen ist. Manchmal werden im ständig wiederholten Rollenspiel Erfahrungen verarbeitet, die Kinder beschäftigen, ihnen Angst machen oder auch besonders schön waren und damit immer wieder erlebt werden möchten. Grundsätzlich ist jedes Kind mit all seinen Besonderheiten willkommen.

Kinder können den Grad der Anforderung selbst festlegen: Was traue ich mir heute zu? Bin ich mutig? Oder möchte ich lieber noch auf Nummer sicher gehen? Einfach gesprochen, können Kinder die Aufgaben vom Leichten zum Schweren bewältigen. Sie können die Schwierigkeitsstufe selbst wählen und unterstützen damit wieder die Ausbildung eines positiven Selbstkonzepts. Selbst wenn Kinder sich überschätzen, steht ihnen die Fachkraft zur Seite, so dass ein Scheitern bemerkt wird und durch Anpassung der Aufgaben in einem gesunden Bereich bleiben kann. Scheitern gehört zum Menschwerden, bzw. -sein dazu, es sollte aber nicht das einzige Gefühl sein, welches das Kind spürt.

Psychomotorik ist der Moment, in der ein Mensch ausprobieren kann, mit welchen Strategien oder Handlungen er oder sie freudvoll zu einem Ziel gelangen kann, welches ihm oder ihr wichtig ist.

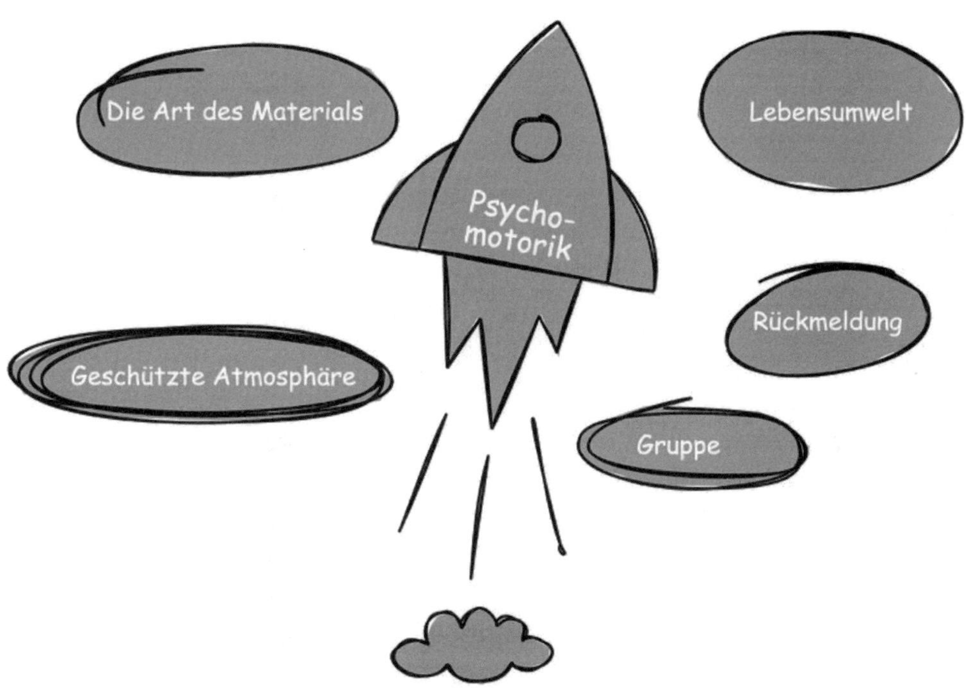

Abbildung 14: Bedingungen der psychomotorischen Förderung, die Teilhabeziele unterstützen können.

8. Und jetzt mal ganz konkret: Beispiele für Teilhabeunterstützung in der Psychomotorik

Um die Ideen nochmal anschaulich zusammenzufassen, werden hier nun konkrete Beispiele dargestellt, die den komplexen Ablauf einer Teilhabeplanung zeigen und Möglichkeiten psychomotorischer Förderangebote vorstellen, die das Teilhabeziel unterstützen können.

8.1 Beispiel Leo

Anamnese:

Leo ist sieben Jahre alt und hat das Down-Syndrom. Er besucht eine integrative Kindertagesstätte in Baden-Württemberg und soll im kommenden Schuljahr eingeschult werden. Seine Eltern wünschen sich die Beschulung in der örtlichen Grundschule, die einer Aufnahme Leos aber kritisch gegenübersteht. Sie argumentiert damit, dass sie über zu wenig Personal verfügt und die Zahl der Mitschüler*innen zu groß sein wird (voraussichtlich 28 Kinder). Darüber hinaus hat das alte Schulhaus sehr viele Treppen.

Momentan ist Leo in der Kita ein gut integriertes Kind. Am liebsten spielt er mit Max, einem Jungen aus seiner Nachbarschaft, der ebenfalls eingeschult werden soll. Er identifiziert sich sehr mit Max und ahmt ihn in vielen Dingen nach. Im Spiel mit Max wirkt er weniger ängstlich und wagt sich oft an Sachen, die er sonst ablehnen würde. Auch Max scheint das Spiel mit Leo zu genießen und wirkt nicht durch ihn gehemmt. Leo kann nur wenige Einzelwörter sprechen, nutzt aber verlässlich viele eigene Gebärden, um anzuzeigen, was er möchte. Er versteht alles, was ihm gesagt wird und was er hören möchte. Die Logopädin hat zusätzlich ein Wörterbuch mit ihm erarbeitet, in dem Leo auf verschiedene Symbolkärtchen zeigen kann, um seine Wünsche zu verdeutlichen.

Er bewegt sich gern, ist in vielen Dingen aber noch unsicher. Wenn ihn Bewegungssituationen überfordern, lässt er sich auf den Po fallen und weigert sich, sich weiterzubewegen. Oft handelt es sich dabei um Situationen, die er von der Anforderung her schaffen könnte, die Situation an sich aber unübersichtlich und laut ist. Die Physiotherapeutin berichtet, dass sich Leo in einer Kleingruppe mit wenigen Kindern und einer gut strukturierten Bewegungssituation sehr gut, sicher und motiviert bewegt.

Leo hat noch Schwierigkeiten, sich zu konzentrieren und eine Weile bei der Sache zu bleiben. In der Vorschularbeit benötigt er eine enge Begleitung, ansonsten würde er aufstehen und umherlaufen. Der Ergotherapeut berichtet, dass er momentan mit ihm an der Stifthaltung arbeitet. Es fällt Leo noch sehr schwer, den Stift korrekt zu halten und seine Linienführung ist sehr schwach, da er nicht genug Kraft aufwendet.

Weiterhin fällt es Leo noch schwer, sich allein anzukleiden. Er ist grundsätzlich in der Lage dazu, benötigt allerdings sehr viel Zeit und er lässt sich schnell vom eigentlichen Tun ablenken. Er würde von allein nicht automatisch die korrekte Kleidung wählen und zum Beispiel auch bei kalten Temperaturen das Haus ohne Jacke verlassen. Das Ausziehen funktioniert meist problemlos. Der selbstständige Toilettengang klappt verlässlich, manchmal benötigt er Unterstützung beim Reinigen oder Schließen eines engen Hosenknopfes. Es fällt ihm leichter, wenn die Kleidung weit ist und keine komplizierten Verschlüsse hat.

Beim Essen benötigt Leo keine Unterstützung, er isst allerdings noch nicht sauber und benötigt Unterstützung bei der anschließenden Reinigung von Händen, Mund und Essplatz. Er verspürt nicht selbst den Drang, zu essen oder zu trinken und muss regelmäßig daran erinnert werden.

Die Eltern beschreiben als problematisch, dass Leo nicht auf seine eigenen Dinge achten kann. Er nimmt Dinge mit in die Kita und kann sie dann nicht mehr finden. Ebenso ergeht es ihm mit Kleidungsstücken, wie Mützen oder Handschuhen. Sie machen sich Sorgen, dass es Leo sehr schwerfallen könnte, seine Arbeitsmaterialien aufzubewahren und im passenden Moment parat zu haben.

Um Leos Bedarfe in der kommenden Lebensumwelt „Schule" zu ermitteln, haben sich alle Beteiligten zu einem Runden-Tisch-Gespräch getroffen. Am Gespräch beteiligt sind Leos Eltern, die Bezugserzieherin, die Physiotherapeutin, die Logopädin, der Ergotherapeut, eine von der Grundschule beauftragte Lehrerin, sowie die zuständige Sachbearbeiterin der Eingliederungshilfe.

Zu Beginn des Gesprächs wurde Leo gefragt, ob er in die Schule gehen möchte, was er bejaht hat. Dann wurden ihm Bilder verschiedener bekannter und unbekannter Kinder gezeigt und er wurde gefragt, mit wem er denn gern zusammen in die Schule gehen würde. Leo hat, ohne zu zögern, auf das Bild von Max gezeigt und anschließend auf das Bild eines ihm unbekannten Mädchens mit langen Zöpfen, welches ihm scheinbar gefiel.

Im Gespräch wurden folgende zu erwartende Teilhabeschwierigkeiten identifiziert:

Leo hat keine funktionellen oder strukturellen Einschränkungen, die eine Teilhabe beeinflussen würden.

- Motorik

Leo verfügt über eine noch nicht ausreichend sichere Fortbewegung, er lässt sich bei Überforderung fallen und bewegt sich nicht mehr selbstständig weiter. Dies würde insbesondere beim Treppensteigen eine große Gefahr darstellen.

- Feinmotorik

Leo hat noch Schwierigkeiten in der Stifthaltung und -führung. Dies könnte ihn beim Schrifterwerb bremsen.

- Kommunikation

Leo kommuniziert noch nicht ausreichend gut über Lautsprache. Um verstanden zu werden, muss man sich gut einhören und auf seine Gebärden zur Unterstützung achten. Dies könnte dazu führen, dass er sich nicht gut am Unterricht beteiligen kann.

- Konzentrationsfähigkeit

Leo ist stark ablenkbar und benötigt eine gut strukturierte, reizarme Umgebung, um seine Leistung zeigen zu können.

- Selbstversorgung

Momentan benötigt Leo noch Unterstützung beim An- und Auskleiden, der Wahl der richtigen Kleidung, sowie der Körperreinigung nach dem Toilettengang oder dem Essen. Weiterhin muss er an das Essen und Trinken erinnert werden und er benötigt Unterstützung darin, auf seine Dinge zu achten.

Identifizierter **Förderfaktor** ist die Freundschaft zu Max, die ihn motiviert, ebenfalls in die Schule zu gehen. Da Leo Dinge nachahmt, die Max tut, könnte dies als große Motivation gewertet werden.

Barrieren stellen die vielen Treppen im Schulgebäude dar und zusätzlich die recht große Schülerzahl in der ersten Klasse.

<table>
<tr><th>Teilhabebe-
reich</th><th>Klassifikation</th><th>Bewertung der Teilhabeeinschrän-
kung</th></tr>
<tr><td>4 Mobilität

Gehen und sich fortbewegen</td><td>d4601: sich in anderen Gebäuden außerhalb der eigenen Wohnung umherbewegen</td><td>Leo zeigt die Leistung, wenn die Bedingungen ihn nicht überfordern. Es handelt sich also hier eher um ein Problem der allgemeinen Aufgaben und Anforderungen.

Die Einschränkung liegt in der selbstständigen und sicheren Bewegung im Schulgebäude.

Bewertung d4601.2</td></tr>
<tr><td colspan="3">Vereinbartes Teilhabeziel für den Bereich „Gehen und Fortbewegung“:

Leo bewältigt Flure und Treppen in jeder Situation sicher und zügig.</td></tr>
<tr><td>4 Mobilität

Feinmotorischer Handgebrauch</td><td>d4402: Einen Gegenstand handhaben</td><td>Leo kann einen Stift noch nicht ausreichend gut halten und auf dem Papier bewegen.

Die Einschränkung liegt in der Limitierung des Schrifterwerbs.

Bewertung d4402.3</td></tr>
<tr><td colspan="3">Vereinbartes Teilhabeziel für den Bereich „Feinmotorischer Handgebrauch“:

Leo hält den Stift sicher und bringt die Farbe mit ausreichendem Druck auf das Papier.</td></tr>
<tr><td>3 Kommunikation

Kommunizieren als Sender</td><td>d330: Sprechen

d3350: Körpersprache einsetzen

d3351: Zeichen und Symbole produzieren</td><td>Leo kann noch nicht ausreichend gut lautsprachlich kommunizieren, er unterstützt seine Aussagen durch Gebärden oder Symbolkarten.

Die Einschränkung liegt darin, dass er sich nicht ausreichend gut ausdrücken kann und auf die Bereitschaft der anderen, seine Symbole zu verstehen, angewiesen ist.

d330.4, d3350.2, d3351.2</td></tr>
<tr><td colspan="3">Vereinbartes Teilhabeziel für den Bereich „Kommunizieren als Sender“:

Leo unterstützt seine Wünsche gegebenenfalls mit Symbolkarten oder Gebärden.</td></tr>
</table>

<table>
<tr><th>Teilhabebereich</th><th>Klassifikation</th><th>Bewertung der Teilhabeeinschränkung</th></tr>
<tr><td>1 Wissens-anwendung

Aufmerksamkeit fokussieren</td><td>d1600: Aufmerksamkeit auf menschliche Berührung, Gesicht und Stimme fokussieren

d1601: Aufmerksamkeit auf Veränderungen in der Umgebung fokussieren</td><td>Leo ist stark ablenkbar und benötigt eine reizarme Umgebung, um sich zu fokussieren.

Die Einschränkung liegt darin, im Unterricht ausreichend gut bei der Sache zu bleiben, aber auch sich z. B. beim Bewegen im Schulgebäude auf das Gehen zu konzentrieren.

d1600.2, d1601.3</td></tr>
<tr><td colspan="3">Vereinbartes Teilhabeziel für den Bereich „Aufmerksamkeit fokussieren“:

Leo bleibt für 10 Minuten konzentriert bei der Sache.</td></tr>
<tr><td>2 Allgemeine Aufgaben und Anforderungen</td><td>d2401: Mit Stress umgehen

d2501: Reaktion auf Anforderung</td><td>In überfordernden Situationen gelingt es Leo noch nicht, seine Routine weiterzuführen, wie z. B. das Treppensteigen, wenn es unübersichtlich wird. Seine Reaktion auf diese Anforderung ist, sich fallen zu lassen und nicht mehr weiterzugehen.

d2401.3, d2501.3</td></tr>
<tr><td colspan="3">Vereinbartes Teilhabeziel für den Bereich „Allgemeine Aufgaben und Anforderungen“:

Leo bewältigt Bewegungssituationen sicher und routiniert.</td></tr>
</table>

Teilhabebereich	Klassifikation	Bewertung der Teilhabeeinschränkung
5 Selbstversorgung	d5100: Körperteile waschen d5400: Kleidung anziehen d5500: Das Bedürfnis zu essen anzeigen d5600: Das Bedürfnis zu trinken anzeigen d5700: Für seinen physischen Komfort sorgen	Leo ist noch nicht in der Lage, sich verlässlich nach dem Toilettengang die Hände oder sich nach dem Essen die Hände oder den Mund zu waschen. Er kann seine Kleidung nicht immer in der richtigen Reihenfolge anziehen und wählt diese nicht immer den Temperaturen entsprechend. Leo würde ohne Aufforderung vergessen zu essen oder zu trinken. D5100.2, d5400.3, d5500.3, d5600.3, d5700.3
Vereinbarte Teilhabeziele für den Bereich „Selbstversorgung“: Leo wäscht sich Hände und Gesicht, wann immer es nötig ist. Leo wählt seine Kleidung angemessen und kann diese in einer angemessenen Zeit selbstständig anziehen. Leo äußert, wenn er durstig oder hungrig ist.		

Tabelle 2: Klassifikation der identifizierten Teilhabeeinschränkungen von Max

Im Rahmen des Gespräches wird vereinbart, dass die Schule versuchen wird, die Barrieren zu reduzieren, indem sie die Klassengröße so gering wie möglich hält. Weiterhin wird versucht, die Aufenthaltsräume für Leo in den Bereich des Erdgeschosses zu verlegen und Raumwechsel so selten wie möglich stattfinden zu lassen. Leo wird mit Max eine gemeinsame Klasse besuchen. Die zuständige Lehrerin wird sich im Vorfeld mit Leos zuständiger Logopädin treffen und über den Gebrauch der Symbolkärtchen und Gebärden informiert werden. Insgesamt wird für Leo für eine zeitlassende Atmosphäre gesorgt, wenn er sich mitteilen möchte.

Es wurde deutlich, dass, zumindest für den Anfang, eine Schulbegleitung nötig werden wird, die Leo in allen schwierigen Situationen unterstützt, solange es nötig ist. Dieser Bedarf soll nach 6 Monaten überprüft werden. Dies unterstützt auch den Bereich der Gesundheitssorge (Wahl der richtigen Kleidung, Erinnerung an Essen oder Trinken, Hygiene, Verringerung der Unfallgefahr).

Bis zum Schulbeginn sind es noch einige Monate. Die beteiligten Therapeut*innen werden versuchen, die vereinbarten Teilhabeziele mit Maßnahmen ihres Therapiebereiches zu unterstützen.

Ergotherapie:

- Erprobung unterschiedlicher Stiftformen
- Strukturierung des Arbeitsplatzes mit visueller Unterstützung (Bildkarten, Placemat ...)
- Einüben der benötigten Reihenfolgen
- Erweiterung der Situation durch Kleingruppenarbeit

Logopädie:

- Üben der Nutzung der Symbolkärtchen und Gebärden
- Erweiterung des aktiven Wortschatzes (Kärtchen, Gebärden und Lautsprache)
- Erweiterung der Situation durch Kleingruppenarbeit/Gespräche

Physiotherapie:

Neben der eigentlichen physiotherapeutischen Arbeit soll der Fokus auf die Teilnahme an einer **Psychomotorikgruppe** gelegt werden.

Hier soll Leo mit 5-6 anderen Kindern sein Bewegungsvermögen und seinen Umgang mit stressigen Situationen üben. Ziel ist, über eine angebotene Bewegungssituation sowohl das koordinative Vermögen als auch Kraft und Ausdauer zu steigern.

Konkret bedeutet es, dass Bewegungslandschaften angeboten werden, die zunehmend anspruchsvoll in der Bewältigung sind, für Leo aber unbedingt bewältigbar bleiben. Hier soll sich nach und nach sein Selbstkonzept stärken, im Sinne von „Ich schaffe das". Begonnen wird bodennah, um dann zunehmend in die Höhe zu gehen. Die Therapeutin wird dabei immer dicht an Leo bleiben, um nötigenfalls Hilfestellungen zu leisten und ein Scheitern so gering wie möglich zu halten.

Da Leo über ein gutes Sprachverständnis verfügt, wird die jeweilige Situation sprachlich reflektiert und nicht mit Lob für gelungene Situationen gespart.

Wenn Leo die Situationen gut aushalten kann, wird darüber nachgedacht „Störungen" einzubauen, wie zum Beispiel ablenkende Geräusche (Musik) oder auch die Anzahl der teilnehmenden Kinder nach und nach zu erhöhen.

Ziel wäre es, Leo auf die herausfordernde Situation im Schulhaus oder auf dem Pausenhof vorzubereiten und ihm das Bewusstsein zu geben, mit diesen Situationen klarzukommen.

In diesem Beispiel kann eine gut geplante und strukturierte Psychomotorikgruppe eine Teilhabeplanung für eine kommende Lebenswelt konkret unterstützen und direkt auf die Teilhabe eines Kindes einwirken.

8.2 Beispiel Maja

Anamnese:

Maja ist fünf Jahre alt und hat den Verdacht auf eine Autismusspektrumstörung (ASS). Sie besuchte bis vor kurzem eine städtische Regeleinrichtung mit einer Gruppenstärke von 25 Kindern. In dieser Situation war Maja überfordert, so dass es täglich zu unhaltbaren Situationen kam. Nun ist sie seit einigen Wochen in einer heilpädagogischen Kita mit nur 8 Kindern pro Gruppe. Auch hier ist die alltägliche Situation nicht einfach. Maja schreit laut, wenn sie überfordert ist und ist dann kaum zu beruhigen. Sie erträgt es nicht, wenn andere Kinder ihr zu nahekommen. Wenn sie ein Spielzeug möchte, mit dem bereits ein anderes Kind beschäftigt ist, so läuft sie hin und nimmt es einfach an sich, notfalls mit körperlicher Gewalt. Sie schlägt und beißt, wenn ihr etwas nicht gefällt, auch vor Erwachsenen macht sie keinen Halt. Maja hat noch keine andere Möglichkeit gefunden, zu kommunizieren. Sie verfügt über keine Lautsprache oder sonstige kommunikative Fähigkeiten. Selbst Blickkontakt zu halten, fällt ihr sehr schwer.

Sehr schwierig sind für sie Situationen, die vom Ablauf her vorgegeben sind, wie zum Beispiel der Morgenkreis oder das gemeinsame Essen. Sie bleibt nicht sitzen, läuft herum, nimmt sich, was sie möchte. Wird sie in diesen Situationen begrenzt, beginnt sie wieder laut und anhaltend zu schreien und um sich zu schlagen.

Wenige schöne Situationen gibt es, wenn Maja sich im Bewegungsraum der Kita frei bewegen kann. Sie liebt es herumzulaufen und sich in weiche Kuschelsäcke zu werfen. In dieser Situation darf die Erzieherin sie fest einrollen und drücken. Dann scheint Maja innezuhalten und findet manchmal für eine kurze Zeit den Blickkontakt. Dann beginnt sie entspannt zu summen, als wolle sie die Situation nicht enden lassen.

Die Situation ist mittlerweile sehr angespannt, die Erzieher*innen und Heilpädagog*innen sind sehr belastet und es kam bereits zu Krankheitsausfällen durch die belastende Situation. Um die Teilhabe an der Lebenswelt Kita zu gewährleisten, braucht es Lösungen. Aus diesem Grund haben sich die beteiligten Personen zu einem Runde-Tisch-Gespräch getroffen.

Die Eltern beschreiben die Situation zu Hause sehr ähnlich. Sobald sich am gewohnten Tagesablauf etwas ändert oder eine Variante nötig wird, eskaliert die Lage. Deshalb lebt die Familie mittlerweile sehr zurückgezogen und hält akribisch an ihren Gewohnheiten fest. Weiter berichten die Eltern, dass Maja manchmal in verständlichen Einzelwörtern vor sich hin brabbelt, diese aber nicht zur Kommunikation benutzt.

Am Tisch sitzen die Eltern Majas, die zuständigen Erzieher*innen und Heilpädagog*innen, die Kitaleitung und die zuständige Sachbearbeiterin der Eingliederungshilfe.

Im Gespräch wurden folgende Teilhabeschwierigkeiten identifiziert:

- Durch Majas schwieriges Verhalten ist der Verbleib in der Lebenswelt Kita gefährdet, was ihre weiteren Lernchancen stark beeinträchtigen würde.
- Maja kann sich nicht an gegebene Situationen anpassen, bzw. diese aushalten.
- Maja hat keine Möglichkeiten zu kommunizieren. Aus diesem Grund kommt es regemäßig zu Konflikten mit anderen Kindern, wenn diese ihr zu nahekommen oder sie etwas von ihnen möchte.

Ein möglicher **Förderfaktor** könnte der Bewegungsraum der Kita darstellen und ihre Bereitschaft, sich dort frei zu bewegen. Hier scheint es kurze, gelingende Momente in der Interaktion zu geben.

<table>
<tr><th>Teilhabebereich</th><th>Klassifikation</th><th>Bewertung der Teilhabeeinschränkung</th></tr>
<tr><td>8 Bedeutende Lebensbereiche</td><td>d851 Verbleiben in einem Programm der Vorschulerziehung</td><td>Durch Majas aktuell sehr schwieriges Verhalten ist der Verbleib in der Kita akut gefährdet.

D851.4</td></tr>
<tr><td colspan="3">Vereinbartes Teilhabeziel für den Bereich „Bedeutende Lebensbereiche“:

Maja bleibt in der heilpädagogischen Kita.</td></tr>
<tr><td>2 Allgemeine Aufgaben und Anforderungen</td><td>d2300 Routinen folgen

d2401 Mit Stress umgehen

d2500 Neuartiges akzeptieren

d2501 Reaktion auf Anforderungen

d2502 Personen oder Situationen begegnen</td><td>Maja schafft es noch nicht, die bestehenden Routinen in der Kita auszuhalten.

Kommt Maja in eine überfordernde Situation beginnt sie zu schreien oder körperlich anzugreifen.

Maja hat Schwierigkeiten, sich auf neue, veränderte Dinge einzulassen.

d2300.4, d2401.4, d2500.4, d2501.4, d2502.4</td></tr>
<tr><td colspan="3">Vereinbarte Teilhabeziele für den Bereich „Allgemeine Aufgaben und Anforderungen“:

Maja bleibt bis zu den Osterferien in der Essenssituation für zwei Minuten angemessen am Platz sitzen.

Maja bleibt im Stuhlkreis bis zu den Osterferien im Morgenkreis für zwei Minuten angemessen am Platz sitzen.

Maja bleibt in schwierigen Situationen (Kontakt mit Kindern, Unerwartetes) ruhig.</td></tr>
</table>

Teilhabebereich	Klassifikation	Bewertung der Teilhabeeinschränkung
3 Kommunikation	d310 Kommunizieren als Empfänger gesprochener Nachrichten d315 Kommunizieren als Empfänger non-verbaler Nachrichten d330 Sprechen d335 Non-verbale Mitteilungen produzieren	Maja hat noch keine Möglichkeiten zur Kommunikation für sich entdeckt. Ihr Missfallen an einer Situation drückt sie über lautes Schreien und körperliche Reaktionen aus. Dies kann andere gefährden. Maja scheint gesprochene oder non-verbal vorgetragene Dinge nicht zu verstehen. Sie scheint lautsprachliche Fähigkeiten zu besitzen, zeigt sie aber nicht in kommunikativen Situationen. d310.4, d315.4, d330.4, d335.4
Vereinbarte Teilhabeziele für den Bereich „Kommunikation“: Maja drückt ihr Verlangen nach einem Gegenstand angemessen aus. Maja versteht deutliche verbale oder non-verbale Signale und reagiert darauf.		

Tabelle 3: Klassifikation der identifizierten Teilhabeeinschränkungen von Maja

Daraus folgende Maßnahmen:

Um den Verbleib in der Kita zu sichern, braucht es eine unbedingte und umfassende Eins-zu-eins-Betreuung des Kindes, was, zumindest momentan, nur über zusätzliches Personal zu leisten ist. Aus diesem Grund wird der Installation einer Einzelintegrationskraft zugestimmt, die Prüfung einer Weiterbewilligung soll in sechs Monaten erfolgen.

Um die kommunikativen Fähigkeiten zu erweitern, wird eine logopädische Versorgung angeregt und die Installation einer Maßnahme aus dem Bereich der unterstützten Kommunikation veranlasst.

Psychomotorik

In der Kita arbeitet eine psychomotorische Fachkraft, Frau Berg. Diese regt an, mit Maja regelmäßig in eine psychomotorische Einzelsituation zu gehen, da Maja diese Gegebenheiten sehr mag. Bewegung und vor allem die freie Bewegung scheint eine Ressource Majas zu sein. Hier kann sie sich entspannen, lässt sich berühren und findet sogar zum Blickkontakt. Intensive propriozeptive Stimulation (festes Drücken) scheint hilfreich zu sein.

Frau Berg darf zukünftig zweimal in der Woche mit Maja arbeiten und bekommt rasch einen Zugang zu ihr. Maja kann sich beruhigen und entspannen und beginnt den Blickkontakt zu intensivieren. Nach einigen Stunden berührt Maja die Hand von Frau Berg, wenn diese aufhört, sie fest zu drücken. Damit scheint sie auszudrücken zu wollen, dass sie eine Wiederholung wünscht. Frau Berg begleitet das stets mit dem Wort „nochmal“. Maja kann so dieses Wort sowohl mit ihrer eigenen Bewegung (Berührung der Hand von Frau Berg) als auch dem folgenden festen Drücken, was sie offensichtlich als sehr angenehm empfindet, verbinden.

Diese Erfahrungen werden in Gesprächen in den pädagogischen Alltag übertragen. Maja bekommt eine Gewichtsweste und -decke, welche sie in stressigen Situationen beruhigen sollen. Zunehmend schafft sie es, die Hand der Pädagoginnen zu berühren, um anzuzeigen, dass sie etwas möchte.

In diesem Beispiel konnten über eine psychomotorische Einzelsituation Dinge erprobt werden, die im pädagogischen Alltag nützlich sind und Situationen gelingender und einfacher werden lassen.

In diesem Beispiel wurde außerdem klar, wie kleinschrittig die vereinbarten Ziele beschrieben wurden. Wir sprechen hier bereits von einem ersten Erreichen, wenn Maja es schafft, nur zwei Minuten in einer Situation zu bleiben. Gleichzeitig wird deutlich, welcher Aufwand dahintersteht und wie viel Personal benötigt wird, um erfolgsversprechend zu arbeiten. Diese kurzen Zeitfenster benötigen eine konsequente und zeitnahe Überprüfung, um angemessen weiter beschrieben werden zu können. Dafür wird Raum, Zeit und Personal benötigt, um diese individuellen Maßnahmen zu erproben und im Alltag zu installieren. Damit erhält Maja die Chance, sich in ihrer Lebenswelt bestmöglich weiterzuentwickeln und das Kitapersonal wird dabei unterstützt, den normalen pädagogischen Alltag so weiterzuführen, dass es allen Kindern gerecht werden kann.

8.3 Beispiel Toni

Toni ist vier Jahre alt und kam mit einer Myelomeningocele zur Welt, was bedeutet, dass er eine Spina bifida, also einen offenen Rücken hatte. Der Defekt wurde direkt nach der Geburt verschlossen, wobei es immer zu bleibenden Schädigungen am Rückenmark kommt. Das Ausmaß dieser Störung lässt sich unmittelbar nach der Geburt nicht vorhersagen, da es sich um eine Defektheilung handelt und zunächst nicht bestimmt werden kann, welche Leitungsbahnen noch funktionieren, bzw., wie diese sich entwickeln. Aufgrund der Höhe der Läsion kann aber dennoch eine ungefähre Prognose gegeben werden, mit welchen Schädigungen zu rechnen ist. Bei Toni lag die Läsion auf der Höhe des dritten Lendenwirbelkörpers, wodurch große Bereiche der Beinmuskeln betroffen sind, was ein freies Stehen und Gehen eher unwahrscheinlich werden lässt.

Heute ist Toni 3;6 Jahre alt und besucht eine städtische Regeleinrichtung. Er wird von einer Einzelintegrationskraft begleitet, da er mehrmals täglich katheterisiert werden muss. Seine Entwicklung verläuft gut, er kann stabil sitzen und sich recht rasch krabbelnd fortbewegen. Er macht noch keine Anstalten, sich selbst hochzuziehen und möchte auch ungern stehen, da ihm hierfür die Kraft und Wahrnehmung fehlt. In der Physiotherapie, die Toni zweimal wöchentlich besucht, werden diese Bereiche intensiv beübt. Alle sonstigen Entwicklungsbereiche sind als regelgerecht zu bewerten.

In den letzten Monaten ist aufgefallen, dass Toni darunter leidet, mit seinen Freunden geschwindigkeitsmäßig nicht mithalten zu können. Er befindet sich ausschließlich krabbelnd am Boden, alle anderen laufen und rennen um ihn herum. Das ist besonders im Freien ein großes Problem. Die

Eltern beschreiben, dass Toni häufig niedergeschlagen ist und manchmal nicht in die Kita gehen möchte.

Im Rahmen eines gemeinsamen Gespräches werden Lösungen gesucht. Der Physiotherapeut schlägt vor, einen Rollstuhl auszuprobieren, damit Toni Geschwindigkeit erleben und selbstständig produzieren kann. Er ist zwar noch recht jung, allerdings spricht die Tatsache, dass er wahrscheinlich ein Leben lang auf dieses Hilfsmittel angewiesen sein wird, dafür, es so früh wie möglich einzusetzen, damit sich seine Motorik auf diese Besonderheit einstellen kann.

In diesem Fall kann ein **strukturelles und ein funktionelles** Problem identifiziert werden:

s12002.4: Die Struktur des Lenden- und Kreuzmark ist geschädigt.

b7303.4: Die Kraft der Muskeln der unteren Körperhälfte ist nicht ausreichend.

Dieses Problem kann mit einem Hilfsmittel ausgeglichen werden. Toni wäre damit in der Lage, sich schnell und selbstständig fortbewegen zu können.

Der Rollstuhl wurde beantragt, bewilligt und letztendlich ausgeliefert. Im Alltag stellt sich nun aber heraus, dass Toni große Probleme hat, damit umzugehen. Er bleibt ständig irgendwo hängen oder fährt gegen andere Kinder, so dass diese eher Abstand halten und nicht mit Toni gemeinsam „herumrennen“ möchten.

In einem weiteren Gespräch wird klar, dass die Installation des Hilfsmittels allein die eigentliche Teilhabefrage (noch) nicht beeinflussen konnte. Toni ist nach wie vor unglücklich und kann sich nicht mit den anderen Kindern gemeinsam bewegen.

In der Kita gibt es eine psychomotorische Fachkraft. Diese hat einen Vorschlag, wie diese besondere Situation begleitet werden könnte. Sie wird an zwei Vormittagen in der Woche mit Toni und zunächst einem weiteren

Kind im leeren Bewegungsraum Bewegungssituationen anbieten, die sowohl gehend als auch im Rollstuhl bewältigt werden können. Dabei wird es anfangs um eher statische Dinge, wie zum Beispiel dem Rollen oder Werfen verschiedener Bälle oder Gegenstände in ein Ziel gehen, damit Toni die Chance erhält, seinen Rollstuhl in Ruhe und kleinschrittig kennenzulernen. Nach und nach, mit wachsender Koordination, werden diese Bewegungssituationen komplexer und die Geschwindigkeit höher. Ebenfalls wird sukzessive die Anzahl der Kinder erhöht, so dass Toni sich an die Gruppe gewöhnt und die Kinder die Chance haben, den Rollstuhl als ungefährlich und zu Toni gehörend zu erleben.

Gleichzeitig wird der Physiotherapeut mit Toni kontrolliert die Armkraft und Koordination beüben, damit er ein gutes Fundament für die Bewegungen in der Gruppe hat.

Das Teilhabeziel der PM-Gruppe lautet:

Toni bewegt sich im Rollstuhl bis zu den Sommerferien gemeinsam mit drei anderen Kindern frei, im Bewegungsraum der Kita.

Auch dieses Beispiel zeigt, wie eine psychomotorische Intervention die Gesamtsituation in einer Lebenswelt beeinflussen kann. In diesem Fall konnte die Installation eines Hilfsmittels psychomotorisch begleitet und somit der Alltag langfristig positiv verändert werden.

9. Schlusswort: Und ab jetzt wird alles besser?

Mit der Idee der ICF wurde das Rad nicht neu erfunden. Zahlreiche Menschen, die in der Pädagogik, Therapie oder Pflege zu Hause sind, arbeiten schon immer mit der Haltung, die Klient*innen in den Mittelpunkt ihrer Arbeit zu rücken und genau hinzuschauen, an welcher Stelle diese Person Unterstützung benötigt. All diese Menschen werden, zu Recht, an dieser Stelle sagen: „Das mache ich doch schon immer so!" Und all diesen Menschen sei gesagt: „Genau! Weiter so!"

Aber was uns die ICF geben kann, ist ein Versuch, den gesellschaftlichen Blick dahin zu lenken, Menschen nicht nur auf ihre Defizite, Krankheiten oder Schädigungen zu reduzieren, sondern jeden einzelnen zu fragen: „Was möchtest Du in Deinem Leben erreichen?" und „Wie kann ich Dir dabei helfen?".

Was uns das System noch geben kann, ist der veränderte Blick auf Förderung und Therapie. Es steht nicht mehr an erster Stelle, eine Norm zu erfüllen. Wir erlauben Diversität und Varianz, unterstützen diese und finanzieren die Hilfen dazu. Normen und Statistik dienen der Orientierung, aber Vielfalt ist in Ordnung und wird gesellschaftlich mitgetragen. Zumindest in der Theorie.

Bis das Ganze in unser aller Alltag Einzug erhält und tatsächlich spür- und erlebbar wird, wird es noch eine ganze Zeit brauchen. Momentan wird die Einführung der neu geschaffenen Erhebungsinstrumente wahrscheinlich noch als fremd und eher lästig erlebt. Menschen, die von diesem System unterstützt werden sollen, spüren noch nicht immer eine Erleichterung oder einen Nutzen. Im Alltag bremst es vielleicht noch aus, weil die neuen Strukturen unvertraut sind und sich alle erst damit vertraut machen müssen. Dies wird nicht von heute auf morgen passieren und wahrscheinlich braucht es noch einige Anpassungen, bis alles sitzt und nicht mehr wackelt.

Mein Wunsch wäre an dieser Stelle, dass wir uns alle gemeinsam auf den Versuch einlassen und die Vielfalt normal werden lassen. Deshalb ende ich mit einem Zitat von Isabel Allende (chilenische Schriftstellerin):

**„Die Lebensversicherung jeder Art ist Vielfalt ...
Vielfalt garantiert Überleben."**

Literatur

Bedell, G. 2009: Further validation of the Child and Adolescent Scale of Participation (CASP). In Developmental Neurorehabilitation 2009 (12), 342–351. DOI: 10.3109/17518420903087277.

Bedell, G. et al. 2014: Validity of the Participation and Environment Measure for Children and Youth (PEM-CY) for Health Impact Assessment (HIA) in sustainable development projects. In Disability and Health Journal, 2014 (7), 226–235. DOI: 10.1016/j.dhjo.2013.11.003.

Bliss, J. 1996: Piaget und Vygotski: Ihre Bedeutung für das Lehren und Lernen der Naturwissenschaften. In Zeitschrift für Didaktik der Naturwissenschaften, 1996 (2), 3–16.

Bowyer et al. 2011: SCOPE: kurzes Betätigungsprofil für Kinder ; Handbuch mit Bewertungsbögen ; Version 2.2. Schulz-Kirchner, Idstein.

Büttner, C., Quindel, R.(Hrsg) 2013: ICF als biopsychosoziales Modell von Gesundheit, in Gesprächsführung und Beratung: Sicherheit und Kompetenz im Therapiegespräch. Praxiswissen Logopädie. Springer, Berlin.

Deci, E., Ryan, R.M. 1993: Die Selbstbestimmungstheorie der Motivation und ihre Bedeutung für die Pädagogik, in Zeitschrift der Pädagogik 1993 (39), 223–238. http://nbn-resolving.de/urn:nbn:de:0111-pedocs-111739, zuletzt geprüft am 04.11.2022.

Ditter, P.J. 2010: Abbildung subkortikaler Hirnaktivität während der Planungsphase selbstinitiierter sequentieller Fingerbewegungen. Universität und Landesbibliothek, Bonn.

Döpfner, M. et al. (Hrsg.) 2020: Autismus-Spektrum-Störungen. Springer, Berlin.

Dettmers, C., Nedelko, V. 2011: Mentales Training: Lernen durch Bewegungsvorstellung und – imitation. In neuroreha, 2011 (3), 24-31. DOI: 10.1055/s-0031-1273064.

Edelmann, G.M. 1993: Neural Darwinism: Selection and reentrant signaling in higher brain function. In Neuron, 1993 (10), 115–125. DOI: 10.1016/0896-6273(93)90304-A.

Egger, J.W. 2005: Das biopsychosoziale Modell, in Bulletin des médecins suisses 2018 (99), 1156–1158, DOI: 10.4414/bms.2018.06861.

Fitts, P.M., Posner, M.I. 1967: Human Performance. Brooks, Cole.

Fischer E., 2014: Heilpädagogische Handlungsfelder: Grundwissen für die Praxis. Kohlhammer, Stuttgart.

Fischer, K., 2019: Einführung in die Psychomotorik, UTB, Stuttgart.

Fuchs, T. 2014: Verkörperte Emotionen – Wie Gefühl und Leib zusammenhängen. In Österreichische Fachzeitschrift für Psychologie, Psychosomatik und Psychotherapie. Zugriff unter: https://www.klinikum.uni-heidelberg.de/fileadmin/zpm/psychatrie/fuchs/Literatur/Verkoerperte_Emotionen_2014.pdf, zuletzt geprüft am 28.01.2023.

Gesamt- und Teilhabeplanung, Rheinland-Pfalz, Ministerium für Arbeit, Soziales, Transformation und Digitalisierung. Verfügbar unter: https://mastd.rlp.de/de/unsere-themen/soziales/sozialhilfe/gesamt-und-teilhabeplanung/, zuletzt geprüft am 28.01.2023.

Gesetz zur Stärkung der Teilhabe und Selbstbestimmung von Menschen mit Behinderungen (Bundesteilhabegesetz – BTHG) Art 25a, Änderungsvorschrift. Verfügbar unter: https://www.gesetze-im-internet.de/bthg/art_25a.html, zuletzt geprüft am 28.01.2023.

Giehl, B., Liehs, A. 2016: „Moderierte Runde Tische“ (MoRTi) in der Inklusion. In Sprachtherapie aktuell: Schwerpunktthema: Sprachtherapie und Inzklusion, 2016 (3). DOI: 10.14620/stadbs160904.

Ginsburg, H., Opper, S. 1998: Piagets Theorie der geistigen Entwicklung. Klett-Cotta, Stuttgart.

Gruber H. in Harteis, C. et al (Hrsg). 2000: Erfahrung erwerben in Kompendium Weiterbildung: Aspekte und Perspektiven betrieblicher Personal- und Organisationsentwicklung. VS, Wiesbaden.

Guralnick, M.J. 2004: An overview of the developmental Systems Model for early interventions. Brooks, Baltimore.

Haley et al. 2014: PEDI-D Pediatric Evaluation of Disability Inventory: Assessment zur Erfassung von Aktivitäten des täglichen Lebens bei Kindern mit und ohne Beeinträchtigung. Schulz-Kirchner, Idstein.

Höllbacher, D., Kerschbaumer, I. 2015: Elternarbeit in der Frühförderung, Masterarbeit Karl-Franzens-Universität, Graz.

ICF – Internationale Klassifikation der Funktionsfähigkeit, Behinderung und Gesundheit. Online verfügbar unter: https://www.bfarm.de/DE/Kodiersysteme/Klassifikationen/ICF/_node.html, zuletzt geprüft am 28.01.2023.

Imms, C. 2008: Review of the Children's Assessment of Participation and Enjoyment and the Preferences for Activity of Children. In Physical & Occupational Therapy in Pediatrics, 2008 (28) 389–404. DOI: 10.1080/01942630802307135.

Kiesel, A., Koch, I. 2012: Beobachtungslernen – Lernen am Modell. VS, Wiesbaden.

Kassirra, R., Aringer, C. 2014: Motivierende Lernumgebungen in Schule und Studium. In Ergonomie aktuell, Zeitschrift Lehrstuhl für Ergonomie TU München. 2014. ISSN 1616–7627.

Laucht, H., Esser, G., Schmidt, M. 2002: Heterogene Entwicklung von Kindern depressiver Mütter. In Zeitschrift für klinische Psychologie und Psychotherapie. 2002 (31), 127–134. DOI:

10.1026/0084-5345.31.2.127.

Langenkamp I. (Hrsg.) 2018: Selbstkonzept nach Shavelson et al. (1976). Springer, Wiesbaden.

Mahnken, N. 2011: ICF – Umsetzung leicht gemacht: für die tägliche Praxis. Buchner, Schwentinental.

Mahoney, G., Wiggers, B. 2007: The Role of Parents in Early Intervention: Implications for Social Work. In Children & Schools. 2007 (29), 7–15. DOI: 10.1093/cs/29.1.7.

Mattejat, F., Wüthrich, C., Remsch, H. 2000: Kinder psychisch kranker Eltern. Forschungsperspektiven am Beispiel von Kindern depressiver Eltern. In: Der Nervenarzt, 2000 (71), 164–172. DOI: 10.1007/s001150050025.

Mandl, H., Friedrich, F. 2005: Handbuch Lernstrategien. Hogrefe, Göttingen.

Markham, J.A., Greenough, W., 2004: Experience – driven brain plasticity: beyond the synapse. In Neuron Glia Biology 2004 (1), 351–363. DOI: 10.1017/S1740925X05000219.

Martzy, Fiona; Ruploh, Brigitte; Bischoff, Anne. Veränderungen im Selbstkonzept nach psychomotorischer Förderung. Eine multimethodale Untersuchung des kindzentrierten Ansatzes. motorik, [S.l.], p. 10–21, dez. 2014. ISSN 0170-5792. Verfügbar unter: <https://reinhardt-journals.de/index.php/mot/article/view/2249>. Date accessed: 28 jan. 2023. doi:http://dx.doi.org/10.2378/mot2015.art03d .

Meester-Delver, A. et al. 2007: The Capacity Profile: a method to classify additional care needs in children with neurodevelopmental disabilities. In Developmental Medicine & Child Neurology, 2007 (49), 355–360. DOI: 10.1111/j.1469-8749.2007.00355.x.

Michaelis, R. et al. 2017: Entwicklungsneurologie und Neuropädiatrie: Grundlagen, diagnostische Strategien, Entwicklungstherapien und Entwicklungsförderungen. Thieme, Stuttgart.

Mrazek, J. 1984: Selbstkonzept und Körperkonzept. [Self concept and body concept.] In Schweizerische Zeitschrift für Psychologie und ihre Anwendungen / Revue suisse de Psychologie pure et appliquée, 1984 (43), 1–23.

Nonn, K. 2020: Kooperative, kompetenzorientierte und spezifische Diagnostik in Unterstützter Kommunikation: soziale Partizipation von Anfang an im Blick. In Sprache – Stimme – Gehör, 2020 (44), 139–144. DOI: 10.1055/a-1161-1208.

Piaget J (1954): Intelligenz und Affektivität. Ihre Beziehung während der Entwicklung des Kindes. Frankfurt: Suhrkamp.

Piaget, J. 2003: Das Erwachen der Intelligenz beim Kinde. Klett-Cotta, Stuttgart.

Pretis, M. 2020: Teilhabeziele planen, formulieren und überprüfen. Reinhardt, München.

Schiewack, M. 2011: Elternarbeit am Beispiel Tim – Ohne Eltern war gestern. In ergopraxis 2011 (4), 28–30. DOI: 10.1055/s-0031-1295673.

Schwabe, Mathias (2019): Methoden der Hilfeplanung. Zielentwicklung, Moderation und Aushandlung. 5. Auflage. Weinheim: Beltz Juventa.

Skard, G., Bundy, A. 2011: Test of playfulness (ToP): Test zur Spielfähigkeit. Schulz-Kirchner, Idstein.

Stiensmeier-Pelster, J. 2013: Erlernte Hilflosigkeit, Handlungskontrolle und Leistung. Springer-Verlag, Heidelberg.

Stiller, J., Alfermann, D. 2005: Selbstkonzept im Sport. In Zeitschrift für Sportpsychologie, 2005 (12), 119–126. DOI: 10.1026/1612-5010.12.4.119.

Storch M. et al. 2022: Embodiment: Die Wechselwirkung von Körper und Psyche verstehen und nutzen. Hogrefe, Göttingen.

Strebel, H., Zillhardt, C. 2019: Befund erheben und Ziele finden – Professionelles Reasoning der Pädiatrie Teil1, in ergopraxis 2019 (12), 16–22, DOI: 10.1055/a-0864-2892.

Ulich, M., Mayr, T. (2006). Perik: positive Entwicklung und Resilienz im Kindergartenalltag : Beobachtungsbogen. Deutschland: Herder.

Ulseß-Schurda, N. in Gerhartz-Reiter, S., Reisenauer, C. (Hrsg.) 2020: „I guess all I can do is PARTICIPATE. And I'll find my purpose in this world." – Schülerinnen und Schüler erleben sich als Teilhabende einer unteilbaren Welt. In Partizipation und Schule: Perspektiven auf Teilhabe und Mitbestimmung von Kindern und Jugendlichen. Springer, Wiesbaden.

Umsetzungsbegleitung Bundesteilhabegesetz. Verfügbar unter: https://umsetzungsbegleitung-bthg.de/bthg-kompass/bk-bedarfsermittlung-icf/behinderungsbegriff/fd1-a02/, zuletzt geprüft am 28.01.2023.

WHO, 2011: ICF-CY. Hogrefe, Bern.

WHO: WHO Disability Assessment Schedule (WHODAS 2.0). Zugriff unter: https://www.who.int/standards/classifications/international-classification-of-functioning-disability-and-health/who-disability-assessment-schedule, zuletzt geprüft am 28.01. 2023.

Zimmer, R. 2019: Handbuch Psychomotorik: Theorie und Praxis der psychomotorischen Förderung von Kindern. Verlag Herder, Freiburg.

Zuckriegl, B. 2010: Familienorientierung in der Frühförderung aus der Sicht der Mütter. Magisterarbeit zur Erlangung des akademischen Grades Magister der Philosophie. Universität Wien.

Lernen lernen – mit Spiel und Spaß

Maike Hülsmann / Julia Bauschke / Sabine Dudek / Sabine Hanstein

Segel setzen, Leinen los! Auf Piratenreise im letzten Kitajahr

Ein Programm zur Förderung schulischer Basiskompetenzen

„Segel setzen, Leinen los! Auf Piratenreise im letzten Kitajahr" ist ein bewegtes Programm zur Förderung schulischer Basiskompetenzen. Es nimmt die Kinder mit auf eine abenteuerliche Lernreise und begleitet sie in ihrem Übergang von der Kita in die Schule. Eingebettet in eine Piraten-Abenteuergeschichte bereisen die Kinder im Laufe des Programms insgesamt 8 „Inseln", die verschiedene Entwicklungsthemen widerspiegeln. Dabei greift das Programm bedeutende Bausteine der Entwicklung strukturiert auf und vertieft und stärkt wichtige basale Bausteine für das Lernen in der Schule – motorische Fähigkeiten, Wahrnehmung, Sozialverhalten, Lernkompetenzen sowie fachliche Basisfähigkeiten wie phonologische Bewusstheit und mathematische Grundkompetenzen.

„Das Buch setzt Maßstäbe für Förderprogramme im Vorschulalter und sollte in jeder Kita zu finden sein. Es eignet sich auch sehr gut für die Aus- und Fortbildung von Erzieherinnen, Ergotherapeuten und Lerntherapeuten." Klaus Seifried, Lernen und Lernstörungen

3. Auflage 2023, 304 S., farbige Abb., Groß-Format DIN A4, Beigabe: 340 Vorlagen als Download, Klappenbroschur, Alter: 5–7

ISBN 978-3-8080-0883-6 | Bestell-Nr. 1279 | 39,95 Euro

Ulrike Marten-Öchsner

„Hausaufgaben, oh ja!"

Begleitende häusliche Trainingsaufgaben zur Unterstützung der Behandlung und Entwicklung von Kindern im Kindergarten- und Grundschulalter

„Dieses Arbeitsmaterial für die Bereiche Ergotherapie, Logopädie, Physiotherapie, Heilpädagogik, Sozialpädagogik, Sonderpädagogik, Kindergarten, Vorschule, Grundschule bietet einen Fundus an häuslichen Trainingsaufgaben und Übungen, die den verschiedenen Behandlungsschwerpunkten zugeordnet sind. Das Arbeitsmaterial umfasst fünf Behandlungsschwerpunkte: Wahrnehmung Bewegung/Koordination, Manipulation/Feinmotorik/Grafomotorik, Planung/Handlung und Kognition/Aufmerksamkeit. Erfolge in Therapie und Pädagogik sind nur möglich, wenn therapeutische oder pädagogische Interventionen durch häusliches Üben ergänzt und weitergeführt werden. So können die behandelnden TherapeutInnen schnell und unkompliziert bereits zu Beginn oder am Ende der Therapieeinheit eine ‚Hausaufgabe' auswählen, die zu Inhalt und Therapieziel der Behandlungseinheit passt. Die Aufgabensammlung ist das Ergebnis der Verbindung von Therapie und häuslichem Üben unter Einbeziehung der Kinder und Familien. Die angefügte Wochenübersicht ermöglicht es dem Kind (oder ggf. den Eltern), das absolvierte Training zu dokumentieren." Dieter Bach, lehrerbibliothek.de

116 S., farbige Abb., Beigabe: Vorlagen zusätzlich als Download, Groß-Format DIN A4, Ringbindung, Alter: 4–10

ISBN 978-3-8080-0904-8 | Bestell-Nr. 1621 | 29,80 Euro

Gaby Hasenjürgen / Jochen Klein

SchADSkiste – Lernen mit Aufmerksamkeit

Wie Ressourcenorientierung und Methodenvielfalt zum Erfolg verhelfen

Die „SchADSkiste – Lernen mit Aufmerksamkeit" ist ein ressourcenorientiertes und praxisnahes Konzept zur Entwicklung der Konzentration, Aufmerksamkeitssteuerung und Selbstorganisation sowie konkreter Lernstrategien bei Kindern und Jugendlichen mit Konzentrationsproblemen oder mit bereits diagnostizierter AD(H)S. Gerade wenn bei Kindern und Jugendlichen bereits Resignation, Enttäuschung und auch Lernblockaden entstanden sind, brauchen sie einen individuellen, ressourcenorientierten Zugang zum „Lernen mit Aufmerksamkeit". Die SchADSkiste bietet im ersten Teil zur „Entdeckung der Ressourcen" einen Fahrplan, der es den Kindern und Jugendlichen Schritt für Schritt ermöglicht, wieder Zutrauen zu sich und ihren Fähigkeiten zu fassen und sich einem Veränderungsprozess zu öffnen, sodass wieder eine Bereitschaft und Motivation entsteht, sich dem Thema „Lernen mit Aufmerksamkeit" zuzuwenden.

Im zweiten Teil der SchADSkiste „Entwicklung der Fähigkeit Konzentration" werden dann die gängigen Konzentrationsprogramme zur Handlungsplanung und fokussierten Wahrnehmung und auch spezifische Lernstrategien, z.B. effektives Lernen bei Ablenkung, praxisnah vorgestellt.

Mit der SchADSkiste leichter und effektiver zum Ziel: Lernfreude und Lernerfolg – mit Aufmerksamkeit!

304 S., 2-farbige Gestaltung, Format 16x23cm, Klappenbroschur, Alter: 9–17

ISBN 978-3-8080-0878-2 | Bestell-Nr. 5235 | 22,95 Euro

Rezensionen:

„Mit Hilfe des Buches werden LerntherapeutInnen ebenso wie ErgotherapeutInnen und Lehrkräfte ermutigt, sich eine Schatzkiste anzulegen, um sich aus dieser zur Förderung von Kindern mit ADS-Symptomatik und/oder Lernschwierigkeiten zu bedienen. Die Kinder werden dabei begleitet, den in ihnen schlummernden ‚Schatz' zu entdecken und zu heben." Lernen und Lernstörungen

„Das Buch bietet Lern-, Ergotherapeut*innen, Sozialpädagog*innen, Förderlehrer*innen einen Fundus an Ideen, wie bei Kindern mit bereits erfolgter Diagnose AD(H)S sowie Lernblockaden durch die Aktivierung ihrer eigenen vorhandenen Ressourcen Veränderungsprozesse angestoßen werden können. Die ‚SchADSkiste' ermöglicht flexiblen Einsatz der Methoden nicht nur beim einzelnen Kind, sondern darüber hinaus lassen sich die Inhalte auf kleinere Gruppen bis hin zu einer ganzen Klasse anwenden." Wiederhold, ekz.bibliotheksservice

„Mit Gaby Hasenjürgen ist zusammenfassend zu sagen, dass die SchADSkiste bei unterschiedlichen Problemen zum Einsatz kommen kann. Vom gesamten ersten Teil der Publikation profitieren alle Kinder und Jugendlichen, bei denen es zu Lernblockaden kommt, die den Lernerfolg und, damit einhergehend Verhaltensänderungen behindern.

Der zweite Teil der Veröffentlichung ist bei den Kindern und Jugendlichen anzuwenden, bei denen in einzelnen Bereichen gravierende Lern- bzw. Lernstrategieprobleme konstatiert wurden, ohne dass aber ein ADS oder ADHS diagnostiziert wurde.

Im ersten Teil der SchADSkiste kommt es zu einer Entdeckung der Ressourcen. Im zweiten Teil steht die Entwicklung der Konzentration im Mittelpunkt." Dr. Carsten Rensinghoff, socialnet.de

141/5-23

Schleefstraße 14, D-44287 Dortmund
Telefon 02 31 12 80 08, Fax 02 31 12 56 40
E-Mail: info@verlag-modernes-lernen.de
Leseproben und Bestellen im Internet: www.verlag-modernes-lernen.de